信の回復

和田 稠

目　次●信の回復

再版にあたって

「靖国問題は、現代日本における重要な政治的・道義的課題であるというだけでなく、現在、将来にわたる私たち日本人の思想・精神の根底にかかわる問題であり、ことに親鸞聖人の教えに生きる真宗門徒にとっては、信心の本質にかかわる問題である」

敗戦後三十年にもなって、ようやくこのことに気づいたそのおどろきを、一人でも多くの同朋に、一刻も早く訴えたいという当時の切迫した気持が、初版の「あとがき」から感ぜられます。それから八年間、出版当初この小著に荷負わされていた啓蒙的役割はだいたい果たすことができたのではないかと思われます。

現在、靖国をめぐる内外の状況は、当時とは比較にならぬ深刻な様相をあらわにしておりますが、そうした中であらためて読みかえしてみると、全篇を通して意にみたぬことばかりでとうてい再版に堪えうるものとは思われません。

何といってもこの八年間の歴史の推移の中で、どのような解説や論評よりもすぐれて靖国みずからがその正体をあらわにしてきましたし、また私自身について言えば、この八年間の靖国とのかかわりを通して次第に予想することもなかったような聖人との再会がはじまり、真宗とのあらたなる邂逅をかたじけなくすることとなったことから、意にみたぬおもいをいっそう強くしているのかもしれません。

ですから、この際、全面的に稿を改めたいというおもいがしきりですが、そのような時間的余裕も体力的余裕も見い出しがたい昨今です。やむなく誤字、誤句の訂正と、最小限表現の不適切と思われる語句の修正にとどめることになりました。

さらに初版以来現在までの期間中における靖国問題の経緯を知る手がかりとして、出版部の労を煩わして簡単な年表資料をつけ加えてもらいました。

再版ということが、この小著の使命がまだ終わっていないという判断に立っての企てであるとするなら、そのような判断を許す教団の土壌こそが限りなく靖国を再生産してくる土壌でもありましょう。しかしその土壌をヌキにして真宗に遇う場所のないこともまた確かです。
こうしたいろいろな感懐を越えて、私たち一人ひとりが、証道いよいよ盛んなる浄土の真宗に参入しないではすまぬ時節がまさに到来していることを覚えます。

昭和五十八年九月

和田　稠

はじめに

——一つの問題提起——

一 「私」における「民族」と「世界」

私たちが一冊の本を読む場合に、いわゆる「読みが深い」とか「浅い」とかということがあります。それは著者の意図についての理解、把握の度合いについて言われるわけです。同じ本についても青年期に読んだときと、老年になって読みかえしたときと、そこにおのずから理解の深まりが認められることは、私たち自身しばしば感ずるところです。人生経験を重ねることによって次第に自分の独断や偏見に気づくようになり、著者の世界との交流の幅がひろくなって、共通の視野が開けてくるからでしょう。

おなじことが読者相互の間についても言えるようです。個々の読者はそれぞれの経験を通してしか著者の世界に触れることはできないのですから、その意味ではあくまで「自分なりに」読んだので、著者の身となり、著者と同じ世界でその本を的確に読んだとは言えぬわけです。しかしまた読むことを通して著者の世界に触れ、そのことによって各自の主観的な「思いなし」に気づいて、相互の間に著者と共なる共通の目が開かれてくることもたしかです。ここに読書の重要な意味があります。

しかし、読書の効用がこのように「自己を開く」ものとして働くためには相当の困難性を克服しなければなりません。というのは私たちは読書によって自分の「思いなし」に気づくよりも、反対に自分の「思いなし」を読書の知識によって正当化し理由づけようとする強い性向にひかれるからです。なぜなら、私たちの「思いなし」の根は非常に深くて、それぞれの読者の人生経験、さらにそれを成り立たせている個人の「好み」やその人の性格、体質にまで根ざしているものだからです。仏教の言葉で言えば、これは「個人の業《ごう》」であり、私たちはそれぞれの業によってうごく業的存在だということです。したがって読書という行為もそのような自己の在り方によって規定され、それは自己の知識とはなっても自己を知る智慧とはなり難いのです。

ところで問題はこれでつきるのではありません。たとえば私たちが外国人の書いた本を読む場合を想定してみましょう。かりに私たちが各自の「思いなし」に気づいて共通の視野を持ったとして、それで外国人の本が的確に読めるということにはならないのです。そこにはもうひとつの厄介な困難性が横たわっています。それは個人をつつみ、その性格を規定しているところの国民性とか、民族的体質とかにかかわる困難性です。

私たちが外国人の著書を読む場合、同じ日本人仲間の書いた本にくらべて、それを理解することがはるかに困難であるのは、そこに国民性、民族性の差異があるからです。それはそれぞれの民族のつくり出してきた社会や国家、それの歴史的伝統ならびに風土等の中で形成されてきたものですから、私たちが外国人の著書をその著者の身になって著者と同じ世界に立って的確に読むということは、ほとんど不可能といってもよいほどの困難性をともなうのは当然のことです。そしてこのことは私たち日本人にとって特にいちじるしく感ぜられるように思われます。

個人の「思いなし」が他人との接触によってはじめて気づかれるように、民族的な「思いなし」はそれとは異質な他民族との接触によって気づかれるのが普通です。その場合そこには諸民族の接触を成り立たせるような「世界」があるわけです。私たちは他民族との接触によって自己の民族的特質に気づき、そのことによって「世界」に生まれるとき、はじめて民族的自覚をはなれない世界的個人（真の意味での具体的な「個人」）の自覚に立つことができるのです。ところが私たち日本人にはごく最近までこのような民族的自覚、ひいては個人的自覚をうながすような「世界」が無かったと言ってよいのではないかと思うのです。

私たちは、今まで自己の民族的特性を否応なしに確認させられるような他民族との直接的接触を持つことがありませんでした。私たちにとっては「日本」が「世界」であり、「民族」が「人類」でした。したがってここでは「個人」といっても「民族の中の個人」であり、「世界」といっても「民族の思いなした世界」にすぎません。それでは「民族」だけがあったのかと言えばそうも言えません。なぜなら、本来「民族」とは「個人」に対し「世界」に対したときにはじめて独自の意味を持つわけですから、「民族」だけしかないところでは、実は「民族」もないと言わねばなりません。強いて言えば、そこには「眠ったままの民族」と、それに抱かれた「民族の子としての個人」がいるのです。私たち日本人が「民族的自覚」という場合、それは「世界」においてめざめ、「個人」によってたしかめられた民族の「自覚」ではなくて、反対に「個人」の自覚意識を「民族」の中に没入することのように思いこむ理由がここにあるのです。

　こうした日本的世界の中で私たちが外国人の著書を読む場合には、それによって自分の「思いなし」を知らされるよりも、反対に自分の「思いなし」によってそれを読むことになります。「世界」によって「自己」を読みとるのではなく、「世界」を「自己」によって読もうとすることになるのです。世界のいかなる人も、個人の体質に根ざす独断・偏見とともに、民族の体質に根ざす独断、偏見から免れることはできません。そして後者は民族のすべての成員に共通するものですから、民族の中の個人がそれに気づくことはきわめてむずかしいわけですが、特に私たち日本人は前述の理由からその困難性には格別のものがあるわけです。個人の業と民族の業の分かちがたい深みの中で無自覚に生きてきたのが日本人であると言うことができましょう。

二　「自覚の宗教」と「民族の業」

　こうしたことがいま問題となってくるのは、そこに私たち真宗教徒が現在当面している深刻な現実的課題の本質がひそんでいるからです。

　仏教は「世界宗教」であり「自覚の宗教」であると言われますが、その「世界宗教」とは「国家」や「民族」を超えてすべての人々の苦悩を開く普遍の真理であることを意味し、「自覚の宗教」とはその普遍の真理（法）によって一人一人の個人の自覚がうながされ、その個の自覚を通してのみ人々は業の束縛から解放されて安心立命することができるという意味です。このことは法の普遍性と対応して、人間であるかぎり個の業障《ごっしょう》とそれによる迷いの基本的構造はみな同じであるということを示しています。もちろんこのことは、その基本的構造について言われることであって、具体的な個々の業障そのものは老・少・善・悪・男・女のそれぞれの業に応じた特殊性を持つことは言うまでもないことです。人は各人各別の業障にさめることを通して、一切の衆生がひとしくそうした業的存在であることを知るのです。

ところで、「すべての個人は人間としては本質的に平等である」ということは、長い歴史の過程をくぐることによってようやく現代人のたどりついた理性的認識ですが、それがまだ十分に実践的認識となっていないことは、現に人種差別や民族差別としてあらわれていることによっても明らかです。このことは、理性的には平等であるはずの現代人も、実践的には人種や民族の業によって動いていることを示しています。ここに私たちは個人の業（不共業《ふぐうごう》）とともに民族の業（共業）の束縛を実感せずにはおれません。

ここから次のことが明らかになってきます。第一に、私たちは一個の人間としての自己を考える場合に「個」と「全」とを対応させて「人間としての私」「人類の一人としての私」を想定するのですが、そのような私は考えられた抽象であって具体的個人でないということです。具体的にあるのは「日本人である私」「民族としての個人」なのです。「個」は「民族としての自己」をもその内容とするときに、はじめて「自覚的個」となり、そのことによって民族を超えた「人類の一人」としての自覚をともなうこととなるのです。第二に、したがって「日本人である私」のありようが自覚されない、すなわち、無自覚的な「民族の子」としての私にあっては、「個の自覚」、「全の自覚」といっても、ともに民族意識の中での問題でしかないということです。そしてこのことが今の私たちの当面している課題の核心なのです。

私たち真宗教徒は宗祖親鸞聖人によって開顕された専修念仏の教えが、ひろくすべての人々の上に普遍の真理をひらく宗教であり、それが日本人の宗教でありつつ世界の宗教であることを確信しています。また、念仏の信のみがすべての人々を覚《さ》めしめ、業の束縛から解放して、真に一個の人間として独立せしめるものであることを疑いません。しかし、事実として私たち一人一人が果たしてその教えに依り、その信にめざめた独立者として生きていると言えるのであろうか。私たちに賜った念仏の信が個人の業障をつつんだ民族の業障の深みをも照らす智慧として働いているのであろうか。

もしそうでないとしたら、私たちは、みずからは念仏の信に生きていることをよろこびながら、その信のよろこびともろともに閉鎖的な民族意識の中にからみとられているることになりはしないか。そうすれば、そのような境位において仰がれるところの普遍の法も、知らずして世界の人々を閉め出した特殊の法になっていはしないか。

私たち真宗教徒がまぎれもない日本人であるかぎり、先に述べたような日本人固有の民族的体質から自由であるはずはなく、そうであれば、念仏によって自己を知らされるかわりに、自己によって念仏をとらえているのではなかろうか。とすれば、そこにあるものは「真宗」の名における「民族宗教」ではないのか。

それとも、そこにこそ日本人の血肉と化した「日本的真宗」があるのだと考えねばならぬのであろうか。

いったい私たちはどういう地点において、みずからを「真宗教徒」であると名のることができるのか。

三　靖国の恩恵

このようなことが私自身の重要な課題となってきた、その契機となったのが靖国問題なのです。私自身の日本人としての民族的体質と真宗教徒としての信とが同時に問われてきたのです。正直いってこうした深刻な問題が私自身に問われたことは、靖国にかかわる以前において一度もなかったのです。これまで私は自分が真宗教徒であることを疑ったことはありませんでした。もちろん私自身の「内なる民族性」を主体の問題として吟味したということもありません。したがって今問題としているような視座から聖人の教えをうかがったこともなかったのです。このような私自身が問いなおされ、そのことによって聖人の教えを改めて窺うことになったということは、ひとえに「靖国の恩恵」と申すほかはありません。

昭和四十四年三月、真宗大谷派が靖国神社法案に対してはじめて反対表明をした当時は、お恥ずかしいことに私自身「靖国問題」について何らの積極的関心も持っておらず、したがってそのことの真の重要性についてまったく気づいておりませんでした。ことの重大性にようやく気づき、多少の積極的かかわりを持ちだしたのは昭和四十六年以来のことです。なぜ真宗大谷派が法案に反対しなければならないのか。昭和四十四年の時点で大谷派・本願寺派両総長の連名で政府自民党に対して出された「要請」では、その反対理由としてあげられたのは、もっぱら「法案」自体のもつ違憲性についてでありました。現に神社神道所属の宗教団体である靖国神社を国家護持することは「信教の自由」「政教分離」の原則、並びに「公金使用の制限」という憲法の規定に違反し、「法案」が靖国神社を宗教にあらずと断定することは国家権力による宗教干渉への道を開く危険性があるという指摘でした。

このように「要請」は教団外の政府自民党に対して発せられたものですから、「信教の自由」を護るという一点にしぼられ、そのかぎりにおいて他の護憲団体と共通の地盤に立った護憲運動という性格を強く持っていたと言えましょう。ところで教団の名において外に向かってこのような運動を展開しようとするなら、当然、教団内部の意志を集約しなければならず、ここに教団内部の同朋に対するキャンペーンが始まったわけですが、その際、教団の外に対して掲げられたと同じ理由が内に対しても掲げられた、いや掲げざるを得なかったというところに、靖国問題が決して外に対する問題ではなくて、実は教団自体の問題であるという事実につき当たることになったのです。

「私たちは靖国そのものに反対するのではない。その国営化に反対するのだ」という場合、「私たち」を「真宗教徒」に置きかえて、「真宗教徒は第三者の靖国信仰に反対するものではない」というのか、「真宗教徒自体として靖国信仰を受容する」というのか、その意味が明瞭ではありません。

もし前者の意味で言われるのであれば、それは「信教の自由」の一般的原則をくり返しただけであって、ことさら真宗教徒としての立場としてことわるまでもないことです。したがって、もしこのような立場から教団が靖国法案反対を言うのであれば、それは一般的な護憲運動を教団の中に導入したという意味しかもちません。教団人はそのまま現代に生きる日本国民ですから、このような運動の展開もまた重要な意義を持つわけですが、ここでは靖国の問題がとりわけ真宗教徒として、特に積極的にかかわらねばならない信仰問題であるという本質的意味が伏せられたままになっているわけです。

「靖国は政治問題ではないか。なぜ大谷派が好んでかかわらねばならぬのか」という反問が教団の内部から発せられるのは、多数の真宗教徒の信仰意識が、靖国問題の本質が信仰問題なのだということを見破るほどに深まっていないという実態を示しているだけでなく、内部に対する教団の靖国キャンペーンが、それが政治運動としてしか受けとられない程度の表層的な呼びかけにとどまっていたということの反応であるとも言えます。

靖国問題が真宗教徒にとって重大な意味をもってくるのは、私たちがそれを自己の信の問題として把握することから始まるのです。靖国神社は戦没者に寄せる国民すべての追悼の真情にもとづいて国民の内から生まれた国民的施設ではなくて、創建以来現在にいたるまで終始一貫して多数国民の素朴な民族宗教心情に訴え、それを利用することによって、特定の政治意図をおし進めようとする政治権力に奉仕してきた擬似《ぎじ》宗教施設であり、宗教的政治施設なのです。

したがって、もし私たちが自己の内に靖国信仰を許すならば、みずから真宗以前の民族信仰に退歩するとともに、主体的自覚としての信仰の自由を放棄することになるのです。だからこそ、そのような靖国信仰が国家によって強制されるような事態を阻止しなければならぬのです。靖国に対するとき、私たちはいやでも現代に生きる真宗教徒としての姿勢とその信を明らかにしないではすみません。

「なぜ靖国信仰をそのようにきびしく拒《こば》まねばならぬのか。仏教は寛容な宗教ではないか。靖国信仰をも大きく包みこんでいくのが仏教者の態度であり、またすべての宗教を毛嫌いせずにとりこんでいくのが日本人の精神的長所ではないか」こうした反問をこれまでずいぶん耳にしてきました。この反問には多くの複雑な問題がはらまれており、それをくわしく解明していくことは、なみたいていのことではありません。

「かりに靖国信仰が民族信仰に根ざすものであったとして、日本民族であるわれわれが民族古来の信仰を抱くことがなぜわるいのか」こうした強い憤まんの声がまず聞こえてくるようです。これが解消されるためには、神社神道という民族宗教がどのような性格の宗教か、またそれを改変して創出された擬似宗教としての国家神道がどのような性格であったか、特に明治以後の歴史においてそれらの果たした役割とその結果としての民族の破局等についてのくわしい理解がなければなりません。

第二に宗教的寛容性はたしかに日本人の特性であり、それによって独自の精神風土を形成してきたことはたしかですが、同時にそのことはうっかりすると悪魔の宗教にすらやすやすと身をゆだねかねない没主体性にも通ずるので、事実それによって歴史の選択に重大なあやまちをおかしてきたことも否定できません。

現に靖国法案に反対する人を「日本国民として極めて稀な人」（稲葉修意見）であり、「人間的に欠陥がある」（中川一郎議員発言）人であり、早急に廃棄しなければならない「ミカン箱の中の腐ったミカン」（木原美知子参考人発言）のような存在だとして、人でなしであり非国民であるときめつける、こうした厳しい非寛容（非日本的）な靖国信仰をさえも易《やす》やすとして受けいれねばならぬようなその寛容性とはいったいどういう性質の寛容性なのでしょうか。それが日本人の精神的長所だとされるのなら、それはいったいどのような立場から言われるのでしょうか。寛容とは、自他の人間存在そのものについての基本的認識について言われることであって、思想・信仰についての無原則な妥協は、寛容とはほど遠い没主体にほかなりません。

靖国の国家護持反対に対して投げかけられるこうした反問は、現代日本人の民族特有の思考方式、意識構造から出てくるのです。そしてその思考方式・意識構造をつくりあげるのに強く影響したのがほかならぬ神社神道・国家神道であったのです。靖国信仰は民族の業です。日本人であるかぎり、真宗教徒といえどもその業をともにしているのです。教団の靖国反対運動の足を強く引っぱっているのが教団内部の教徒自身であるという実情がこのことを裏書きしています。それはとりもなおさず真宗教徒としての「信の埋没」、真宗信仰の民族信仰化を物語るものです。ここに「民族の業」

の問題が伏在しているのです。「われらは果たして親鸞聖人と共なる真宗教徒であるか」これが私たちに対して発せられる靖国の問いかけであり、私たち一人一人がこの問いに誠実に答えようとしないかぎり、法案反対にかける教団のエネルギーも生まれようがないでしょう。

第一章　神社神道と日本人の意識構造

一　靖国の原点としての神社神道

「靖国神社はどんな宗教なのか」「靖国信仰とはいったい何なのか」私たち日本人の間で、ごく最近までこうしたはっきりした発問のかたちで、靖国神社の宗教的性格が問題としてとりあげられたことはほとんどありませんでした。それは「日本人ならばあらためて説明するまでもない自明のことである」という意味あいと、「日本人であるかぎりそのような発問をしてはならない」というタブーの意味あいとをかねていました。このこと自体が靖国の特異な宗教的性格を如実に示しているわけです。前者は靖国の民族宗教的性格を、後者はその国家宗教的性格を物語っているのです。

すなわち靖国神社は「私たちの父祖とともに生まれた神社神道という民族宗教を土壌として、明治以来の神権天皇制擬制近代国家の手によって作りあげられた国家神道（国家宗教）の強力な支柱であったし、また再びその役割をになおうとしている特異な神道施設」なのです。

私たち真宗教徒にとって、それがいかに深刻なかかわりをもつかということを明らかにするためには、まずこの特異な宗教そのものの性格をはっきりと知る必要があります。

私は先に「靖国の宗教的性格がわれわれ日本人の間で問題としてとりあげられたことがほとんどなかった」と言いましたが、実はきわめて少数ではあったが、明治の創建以来これを自己の信仰にかかわる問題として苦悶した人々がありました。そして、それがほとんど一部のキリスト教徒と真宗教徒にかぎられていたことをこの際、思いおこす必要があります。それらの人々の苦悶にみちた痛々しい努力は、強暴な国家権力の宗教干渉によっていずれも抹殺されてしまいました。私たちはいま、なぜ日本の全仏教徒の中で、たとえ少数とはいえ真宗教徒のみが靖国の宗教的性格を問題とせずにはおれなかったのかという重大な意味に思いをいたし、私たちの先輩の努力をうけついでこの問題の本質を明らかにしなければなりません。

二　神社神道の基本的性格とその機能

まず靖国の土壌となった日本人の民族宗教、古来の神社神道の基本的性格について考えていきましょう。ここに言う古来の神社神道というのは、明治以後の国家神道によってゆがめられたあとの現在の神社神道と区別する意味です。

1、神社神道は「霊」の宗教である

神社神道を成り立たせている基盤は民族古来の冥顕心情にあります。それは、現実の日常世界＝顕界の背後には霊の住む世界＝冥界があって、日常の吉凶禍福はすべて冥界の霊力によって左右されるという民族心情です。

霊界における霊の種類はきわめて多様ですが、おおまかに区分すれば次のようです。

自然霊　天地間の自然物や自然現象の働きと見られるもので、その代表的なものは五穀豊穣を左右するとおもわれる農耕霊で、それは一切の農産物を産みだす霊能を持っています。天地日月風雨河海はもとより、時としては特定の動植物までが、この霊の具象と考えられます。職縁共同体の霊です。

死霊

死によって生存者はすべて冥界にうつり棲《す》み、死霊となります。生前ことに密接な関係にあった者の愛惜追悼行為（祭祀）の熱意の度合いに応じてその者の禍福を左右します。死霊のうちで特に非業の死をとげ、恨みをのんで逝ったと思われるものは「怨霊」として区別され、その加害者および彼に加担したと思われる生存者に対して長く凶禍をもたらします。その代表的なものが「御霊」です。加害者およびその加担者はこれに対して格別の慰霊祭祀をもってまつらねばなりません。

祖霊

生存者が死霊に対する祭祀を全うして一定の期間がすぎると、死霊の個性が昇華されて祖霊に転化します。祖霊はもっぱら子孫の繁栄と幸福を念じ、それを加護する善意の霊で、氏神がその代表的なものです。したがってこれは家族、部族など血縁共同体の霊と言ってもよいでしょう。

祖霊のうちでその生前の活動が特に共同体の発展に寄与したと認められるものは個人的な「偉霊」として別立されますが、その多くは古来からのものではなく、近世以降、特に明治以後、新祭された政治的性格の強いものです。

地域共同体の霊

村落、国郡などの地域共同体の安危にかかわる霊能をもつもので、鎮守の神がこれを代表します。その地域の自然的条件や所属地域集団の性格に応じて自然霊、祖霊がこれをかねる場合が多々あります。

このように霊は日常の吉凶禍福を左右する力を持つわけですから、これをカミとしてまつることによって凶禍を免れ吉福を招きよせる除災招福が霊の宗教の目的ということになります。したがって霊の宗教は本来「現世利益《げんぜりやく》の宗教」です。

2、神社神道は権威の宗教である

人間の隷属

霊の種類が何であろうと、それらはみな冥界から私たちの行為を見まもり監視し、吉凶禍福を左右する力をもった人間以上の存在であるという点では共通しています。したがって生存者は日常の一挙手一投足の一々にわたって霊の目を意識し、その冥慮、神慮をうかがい、戦々兢々としてその意を迎えねばなりません。

すなわち、霊の宗教は除災招福を願わずにはおれぬ人間の本能的弱点につけこんで人をおびやかし、おどし、ときとしてほめ、報復する霊と、それに対応してその霊に媚《こ》び、へつらい、いのる人との間の権威と隷属との関係の上になり立っているのです。暗い屋内から明るい戸外はまる見えですが、戸外から屋内を見ることはできない道理ですから、人は絶えず冥界からの霊の目を意識しながら、その霊の正体を顕界から見さだめることはできません。ここに権威が発生するのです。したがって霊の宗教の下にあるかぎり、人はその権威の下に隷属するほかはなく、人間としての自己の内なる権威にめざめることはできません。

迷信の母胎

内なる権威にめざめて独立することがなければ、人は日常の行為の結果を自己の責任として主体的に引きうけるということもなりたちません。それは非合理の世界であり、没理性の世界でもあります。したがって霊の宗教は人々のあらゆる迷信・盲信をはぐくみ産みだす母胎でもあります。

3、神社神道は祭祀の宗教である

もともと除災招福への要求から発したのが霊の宗教ですから、怒り怨む悪しき霊はこれをなだめて冥界に永眠させることによって、その呪いや祟《たた》りが顕界に及ぶことを封じ、善き守護霊はこれを讃えてその意を迎え、いよいよその霊能を増長せしめてその利益を享受しようとします。

祭祀の本質

そのために行われるのが祭祀です。すなわち冥界の霊を祭場に招き（招魂）、これに神饌《しんせん》を捧げ、祝詞《のりと》、誄辞《るいじ》を奏してこれを慰め（慰霊）、しずめ（鎮魂）、さらにその御饌《みけ》を神人共食すること（直会《なおらえ》）によって神人冥合し、親しくその霊能を現身に享受するわけです。したがってそこには、たんに祭祀によって凶禍を免れようという消極的利益だけでなく、祭祀に参加する過程を通して霊能を身に享けることによって日常の欝屈を祓い、心気一転して現実に立ち向かう生活のエネルギーを回復するという積極的利益もあるわけです。ここに祭祀の持っている重要な心理的機能が認められます。

このような祭祀の執行が霊の宗教の本質であり、その宗教活動のすべてです。

免罪と滅罪

祭祀が人々の生活力を回復せしめるような積極的機能をもつと言いましたが、それは祭祀そのものが免罪・滅罪の機能を持っているからです。すでに触れたように、祭祀は慰霊・鎮魂のために営まれるわけですが、そのことはとりもなおさずそれを執行することによって霊の咎《とが》めから解放されることを意味します。「霊の咎め」はすなわち祭祀を営む者自身に感ぜられている「こころの咎め」ですから、人々は祭祀を行うことによって、現実の自己の行為の過《あやま》ちや、それについての後悔や自責の念、さらにその行為が他に及ぼした結果についての罪の意識や慚愧《ざんき》のおもいなど、一切の精神的負担が一挙に帳消しになってしまうのです。

祭祀というきわめて簡単な外的行為が免罪、滅罪を保証し、そのことによって人々は簡単に内面の桎梏《しっこく》からのがれて身軽になり、さっぱりとした気持で新しい生活を始めることになります。それは自己責任からの解除でもあります。

催眠と忘却

祭祀のもつもう一つの心理的機能は催眠性と忘却性にあります。祭祀を行う者にとって、それは免罪・滅罪の効果を持ったとしても、罪の事実、すなわちその者の行為の結果や、そのような行為にいたらせた現実の不幸な事態がいささかもそれによって消滅したわけでも改善されたわけでもありません。それにもかかわらず罪の負担から解除されるということは、現実を直視する目が眠らされたということです。霊を永眠させるということは、実は霊とともに生者自身が現前の事実に目を閉じて永眠することであったのです。

したがって現実の矛盾や、自己の行為の過ちはそのまま忘却のかなたへ送りこまれ、次にまったく同じ事態を迎え、同じ事実に直面しても、過去のいたましい経験が何ひとつ経験として思いかえされることがなく、新しい危険を予見することも、その危険を抑止する力を生み出すこともなく、同じパターンで同じ行為がくりかえされることになるのです。

ここに祭祀の呪術性があるのです。

4、神社神道は共同体の宗教である

日本的共同体の性格

今日ふつう「宗教」と言えば、個人の人間苦からの救済・解脱・独立を達成することによって万人との連帯を開くことをその本領とするわけですが、神社神道は1において見てきたように職縁、地縁にかかわる共同体の宗教であって、直接個人の主体的自覚に応ずるものではありません。このことは、「家」「村」「部落社会」等にみられる日本的共同体の固有の性格がそのまま神社神道の宗教的性格を規定することを意味します。

日本の共同体の特色は、まず第一に海によって大陸から隔たった狭い国土に加えて、それがさらに複雑な地形によって小さく区分けされているために、共同体の領域とその成員の行動範囲がきわめて狭いことです。そのうえ早くから定着農耕が行われたため、その社会は落ちついた静止性を帯びます。

第二には、比較的広い範囲の異民族との直接的な接触・混血が早い時代に終わり、それ以後は約一千年の長きにわたって単一民族化がおしすすめられてきたということです。

このようなところでは共同体内部における人々の接触が緊密に行われ、成員相互間の了解がゆきとどき、仲間意識によって結ばれた一体感の下でこまやかな心情社会が成立します。社会内部での人々の人間関係は濃密となり、運命共同体としての連帯感によって強く団結しますが、それだけに人々の日常関心はもっぱら内部の人間関係に集中して外界に向けられることがなく、外に対しては強度の閉鎖性を持つことになります。人々にとっては、その所属する共同体が世界のすべてであり、外部はまったくの異域であり、蕃夷《ばんい》のくににすぎません。たとえ内部の者であっても、その心情の秩序をはみ出して生きようとするときは、たちまち了解不可能な「よそ者」として排除され、その存立を許されぬことになります。閉鎖性はそのまま峻烈な差別性を伴うのです。

閉鎖と差別の宗教

霊の宗教としての神社神道が共同体の宗教だということは、こうした日本的共同体の特殊性格からくる閉鎖性と差別性とをそのまま自己の宗教性格として具有《ぐゆう》することを意味します。したがってその宗教は、人を共同体の外へつれ出して、開かれた世界にめざめさせるものではなく、逆にその信奉者をして一層忠実な共同体の子としてしばりつけてしまいます。人々は祭祀を共にすることによっていよいよ一体感をたかめ、ついには共同体そのものと一体化して没我の状態にいたることが理想とされます。そこでは共同体の秩序に反する行為こそが神慮をおそれぬ罪であり、それは成員全体の上に不幸や災厄を招きよせる不吉なくせごととされ禁忌《きんき》とされます。

神社神道が共同体の宗教である以上こうした閉鎖性、差別性を免れることはできません。このことはまた外部に対して独善性、排他性となって働くことになります。

5、神社神道は原始宗教であり、民族宗教である

原始宗教の意味　神社神道が霊の宗教であり、祭祀の宗教であり、共同体の宗教だということは、これを宗教学の概念からすれば原始宗教だということです。しかしこの呼称は、それを信奉する原始社会の成員に即して言えば適当ではありません。なぜなら、彼ら自身、現代の私たちがそれを解するようには「宗教」と感じていないからです。

現代人はふつう宗教を精神生活の一領域であると解していますが、原始社会において大いに事情を異にしています。そこでは、人々にとって、祭祀を行うことは必ずしも特定の宗教行為ではありません。それは主として五穀豊穣を招きよせるところの生

産、経済的行為であり、また疫病の流行を予防、駆逐《くちく》する医療、衛生的行為でもあります。また時としては災厄や戦争から共同体を守るところの治安、軍事行為であることもあります。

彼らはその生活の全領域にわたって、四六時中、霊と共存しているわけですから、祭祀はいわば彼らの生活そのものであるわけです。そこでは人々の生活のいとなみがそのまま宗教的行為として絶対化され、生活意識がそのまま宗教意識として働くわけですから、個人の精神的覚醒をうながすような契機を見い出すことはできません。

現代に生きる原始宗教

ところで、このような原始宗教は、その社会が原始段階を脱した社会分化と自我のめざめをおしすすめるようになり、他方、民族を超えた高度な普遍宗教がひろまってくると、その存立の基盤を失ってしまって普遍宗教の中へ吸収されてしまうか、またわずかに矮小化《わいしょう》した迷信となって社会の片隅に生きのこるかするのが、世界の一般的なりゆきでした。したがって先進諸国ではこうした原始宗教は学問上の研究課題とはなっても、それが現代に生きる宗教問題をひき起こしたり、ましてや靖国に見られるような政治上の大問題となる気づかいはありません。

ところが、すでに一千年前から普遍宗教としての仏教を受けいれ、現に高度文明国家を誇っているわが国においてのみ、本来原始宗教である神社神道が現代の宗教として生きつづけ、現代日本人の意識と生活を強く規制するとともに、逆にそれによってみずからの生命を保っているのです。他の文明諸国に例のない特異な事象と言わねばなりません。しかも、それはたんに余命を保っているのではなく、かえって一層活力を得て、新しい現代日本の生活様式をつくりつつあるように見えます。最近とくに目につくことですが、昔からの風習を比較的よく伝えていると思われる農山村地帯よりも、かえって都市地帯において市祭・商工祭・地鎮祭・上棟式・神前結婚式というようなかたちで神道儀式が盛大に行われる傾向のあることや、共同体としての伝承的風習をまったく持っていない新興住宅団地で一定の住民が定着するようになると、言い合わせたように神社が新設されていく事実がこのことを立証しています。

それは共同体としての結合機能を欠いた都市砂漠に住む人々の間で、彼らの内に根ぶかくひそんでいた原始宗教が、現代社会の結合原理として復活しつつあることを意味します。

民族宗教としての問題

神社神道は日本人および日本的共同体を離れぬ民族固有の宗教ですから、それは原始宗教であるとともに民族宗教でもあります。ということは、それが日本民族の間にだけ通用する宗教であって、普遍宗教としての性格をそなえていないということです。

もっとも、世界にはもと民族宗教として発祥しながら、それがひろまる過程で他の民族や他の宗教と接触することをとおして自己の宗教性格を改変し、その教義を修正して、普遍宗教的資質をそなえるようになった宗教も無いわけではありません。ところが神社神道は発祥以来の原始宗教としての本質をいささかも変えることなしに現代日本の民族宗教として生きつづけていることは前述したとおりです。

このことは、とりもなおさず私たち現代日本人の民族的宗教意識や民族共同体の基本構造が、歴史の諸段階を通過しながら、なおかつ本質的に変わっていないのではないか？　言いかえれば私たちは、今もって自己の究極的な拠りどころを民族の上に置いており、それを超えるような普遍的価値、あるいは真理を見い出しえないでいるのではないかという重大な問題を示唆しております。

神社非宗教論について

ちなみに、神社神道は祭祀がすべてであり、仏教やキリスト教のように特定の開祖や教義をもたず、したがって布教によって信者を教化育成するという宗教活動を行うこともないのだから、これを他の宗教と同じレベルで宗教と考えることは適当ではない、それはいわゆる「宗教」ではないのだという神社非宗教論が明治以後しばしば政府によって主唱されてきましたし、現在ふたたびそのような議論が復唱され出してきました。そこには必ず次項で述べるような政治的意図が動いているので、そのような主張は宗教についての無知か、または意図的な曲解から発せられるものです。

神社神道が宗教でないとされる、開祖や教義を持たず、教化活動をしないというその特徴こそが実は原始宗教の特質なのです。しかし、そのような特質の如何にかかわらず、それが人間以上の霊能を認め、それに祈願しそれをまつることによって除災招福という人間的欲求をみたそうとする以上、宗教でないとは言えないはずです。神社神道は高等宗教ではないが原始宗教であり、普遍宗教ではないが民族宗教であるという事実をはっきり確認しておかねばなりません。

6、神社神道は習俗宗教である

習俗宗教の意味

すでに述べたように、原始宗教は原始人の生活そのものとなった宗教ですから、その宗教意識は原始共同体の成員に共通な日常の生活意識そのものであり、その宗教様式はその社会の生活様式にほかなりません。したがって、原始人は意識以前においてすでに原始宗教の子であり、その社会に生きることがそのままその宗教に生きることとなります。言いかえれば、原始宗教は原始人の習俗なのです。より厳密に言えば、それは習俗というかたちの宗教であり、習俗となった宗教なのです。このような意味を了解したうえで、これを「習俗宗教」と呼ぶこととします。そうした意味では神社神道はまさに原始日本にはじまる習俗宗教だと言えましょう。

日本の習俗

ところで習俗とは、その社会の基本的構造や成員の意識形態に即して生みだされ維持されるものですから、少なくともその社会においては一種の合理性を持っているわけです。ですから、その社会構造や人々の意識形態がいちじるしく変動しないかぎり、習俗も安定性と永続性をもって伝承されてゆきます。

たとえ社会の上層に変革が起きた場合でも、ひろく人々の上にひとたび定着した習俗は容易に一変するものではなく、多少の改良を自身にほどこしながら時代を超えて継承されていくのが普通です。旧習俗が全面的に無力化し、それに代わる新習俗が生成するには、社会の全成員の内に旧習俗を積極的に一新しようとする意識革命が起き、それにもとづいて政治、経済、社会の全面的変革が行われることを要します。そして、これを世界の歴史について見れば、欧米諸国における近代の成立がそれに当たります。

ところで、日本の近代は、これまで欧米より約一世紀おくれて明治に始まったと言われてきました。しかし、その実態は国民の意識革命はもとより、技術的な農業革命をすら故意に置き去りにしたままの、政府主導型の一部の工業革命が一方的におし進められたにすぎませんでした。外形的な制度はたしかに一新されたものの、政治の意志はその権力の所在が幕藩体制から神権天皇制に肩代わりされただけで、かえってそれによって集中強化され、人口の八十パーセント以上を擁する農村共同体は極言すれば古代以来の生活様式を保持し国民の意識もまた習俗社会の中に眠ったままでこんどの敗戦を迎えたのです。

そのうえにその古来の習俗は、有史以来この四つの島の中で、しかも圧倒的な単一民族によって維持されてきて、その間一度も他民族の直接支配や大規模な民族移動や混血等の経験を持たず、世界史上まれな純潔性と閉鎖性とを具えていました。

このようなところでは、外来の文化は古来の習俗に対してそれを根こそぎ変革せしめるような力となって働くことはなく、かえってその上に次々と沈澱してそれに栄養を与え、その生命力を培うものとしての役割を果したのです。

日本的習俗のこのような特性と、明治の近代化の特性をあわせて考えれば、原始的な習俗宗教としての神社神道が、現代に生きる原始宗教として日本人の生活を現に規制している理由がはじめて了解されるのです。

現代日本人と習俗

このように閉鎖的な習俗社会の中に生まれ、その強力な無意識的強制の中に親代々生きつづけてきた私たち日本人は、その民族の歴史社会を自己の身体として生きてきたわけです。言いかえれば私たちは欧米人の経験したような近代的個人としての主体的自覚の契機を持つことのなかった民族なのです。

その唯一の契機がこんどの敗戦であったと言えましょう。アメリカの占領民主化政策という外からの衝撃によって私たちははじめて外の民族とともに自己の内なる「民族」に直面し、それを意識することを通して民族という習俗社会の内側に「個人」を、その外側に「世界」をかいま見たのです。しかしそれさえほんとうにかいま見たのか、それとも依然として習俗的意識構造のレンズを通してかいま見たと思ったのか、そのあたりがさだかでないのです。

占領行政による外形的、制度的な変革さえ中途はんぱな状態でとどめられたわけですから、ましてや内面的な意識の改変が戦後三十年の民主教育のゆらぎの中で真に達成されたとは思えません。それによって新しい意識が芽生えたとしても、その意識を支えている習俗意識の深みにまで教育の光がとどいたのかどうかが問題なのです。

習俗と宗教　私たち現代日本人のこのようなふたしかな精神状況を如実に示すものが先にあげた神社非宗教論です。「神社神道は日本古来の習俗であって宗教ではない」靖国問題と関連して昨今ふたたび持ちだされているこうした主張の中に現代日本人の意識状況がのこりなく表明されているのです。

たしかに現代日本人が一応身につけていると思われる近代的教養の上では、神社神道は宗教として意識されてはおりません。しかし意識せずして生活と一体となって人を規制し動かしているということこそが習俗宗教の特徴であったはずです。それをまさに習俗宗教であるとはっきり把えることができないということが、近代的教養の衣をまといながら、内実は習俗から独立した自覚的個人になっていないということをみずから表明しているのです。

神社神道は習俗だから宗教ではないのではなく、宗教ではないと思われているほど習俗化した宗教なのです。それほど日本人の生活の中に深く根をおろし、生活化した宗教ですから、ある意味ではこれほど強力な宗教はないとも言えましょう。

仏教徒であれ、キリスト教徒であれ、日本人であるかぎり私たちは程度の差こそあれ本質的に従順な神社神道の氏子となりうる体質を持っているのです。それだけにこの宗教の本質を徹底して明らかにしなければならぬのです。

7、神社神道は政治の宗教である

政治への契機

これまで神社神道の特徴的性格を列挙し、それぞれについて一応の解明をしてきました。それによって宗教としての神社神道の性格を明らかにしようとしたわけです。しかし、神社神道にはこうした宗教的側面のほかにそれと密着した政治的側面があるのです。そしてここに神社神道が現代の政治問題としての靖国にかかわる本質的理由が求められるのです。

まず第一に、神社神道の本質である霊の宗教それ自身の中にすでに政治への契機がはらまれていることに注目しなければなりません。それは霊の宗教がもともと共同体の宗教であるというところに発するのです。

共同体の除災招福が霊の宗教の本旨であることから、その祭祀は共同体の行事としての性格をもち、したがってその祭祀の主宰者はその共同体の首長が当たることになります。主宰者である首長がそのまま祭祀の司祭をかねる場合、司祭がそのまま首長の地位につく場合、首長の近親者が司祭となる場合など、かならずしも一定ではありませんが、いずれの場合も実際には祭政一致体制が成立し、その結果として宗教的権威と政治的権力とが具体的な人格の上に集約されてその威力を発揮することとなります。

これを共同体の成員＝被治者の側から見れば首長と司祭とは一体化された権威となり、しかもその権威はその背後にいます神霊と二重写しになります。その権威と成員とは現実には対立関係にあるわけですから、両者の間には当然支配と服従というきびしい政治の原則が働くはずです。

しかし、彼らにとっては支配は神霊の支配であり、服従は神霊への服従という意味を持ちますから、それは共同体の安泰を確保するための協同行為となり、やがてその行為をはげむことによって神霊と一体になり、さらにそのことによって治者と被治者とが相互に一体となることになります。ここに支配と服従という現実の対立関係が信頼と悦服という親和関係に転ぜられます。そしてこの転化を完ぺきにするはたらきをになうものが祭祀なのです。

このように神社神道はその発生の当初からそれ自体の機能の中に多分に政治への契機を持っている宗教だと言えます。

政治による宗教利用

霊の宗教の機能が直接そのまま政治の機能と重なっており、現実に祭りがそのまま「まつりごと」となって共同体の親和を保っていたようなこうした素朴な祭政一致は、歴史の進展につれてそのままのかたちでは維持されなくなってきます。共同体の拡大と階級の分化にともなって、政治は政治自体としての権力支配の原理を現実に貫こうとするようになり、宗教はそれまで持っていた直接的な政治機能を権力の手に譲って、もっぱら祭祀の執行に当たることになります。政治と宗教、政権と教権との分化の段階を迎えて、ここに両者の間に新しい関係が始まってくるのです。すなわち政治の側では、積極的に宗教の権威を利用しようとする権力の意図が働き、宗教の側ではこれまた積極的に政治権力を利用しようとする司祭者の意図が働き、ここに新たな祭政一致＝権力者によって支配機構の中に組みこまれた祭政一致（宗教の利用）が成立することになります。

もともと政治権力はいつの世、いつの時代においても、つねに宗教を利用しようとする強い本能的性向を持っています。それによって自己の相対性をたかめ、みずから絶対者となってカリスマ的支配を強行しようとするのです。しかし、その宗教が普遍宗教である場合は両者の間にかならず対立相克が起こり、これを調節し両者の妥協が行われるためには双方の側できわめて困難な事態にぶつからねばならぬことは世界史の証明するところです。

ところが神社神道の場合は、共同体の宗教としてその発祥のはじめから政治と一体となっていた宗教ですから、権力との間には何の緊張関係も生まれず、むしろ積極的にすすんでそれと接近しそれに奉仕しようとする性向を持っています。このことは、古代天皇制以来、貴族政権、武家政権、明治の神権天皇制政権を通して、終始一貫、神社神道が権力と共にあったことによって証明されることです。わが国の宗教史上、仏教、キリスト教のような世界宗教はもちろん、各種の教派神道や民衆と密着した土俗信仰にいたるまで、ほとんどすべての宗教が、程度の差こそあれ、つねに権力の干渉をうけ、体制への帰順を迫られてきた事実と思いあわせるとき、神社神道のみがきわめて特異な宗教であることが明らかになります。

およそ世の権力者たちにとって、神社神道ほど絶大な利用価値をもった魅力的な宗教はないでしょう。その宗教のもとでは、権力者の失政による国民の被害はすべて神慮の怒りであるとされ、その責任は祭祀を営むことによって容易に免除され、権力者の意志がそのまま神意となります。現実の政治秩序に反するような個人的行為はすべて罪であり、現実の矛盾に対する人々の不平や不満もこれまた祭祀に参加することによって解消されます。人々は柔順な共同体の子となって没我的な親和感に安らぐだけでなく、すすんで全体の秩序を守ろうとして内部的団結を固くし、違反者に対してはー致してこれをきびしく差別し、共同体の中から排除してしまいます。まさに政治に利用されるためにあるような宗教です。そしてそれは民衆の個人的覚醒を絶対に許さない宗教です。

日本的権力の特徴

洋の東西を問わず、政治権力が宗教と結びつこうとすることは一般的に認められる傾向ですが、そうした傾向性をとくに強くもっているのが日本的権力の特徴です。事実、わが国における権力の推移を歴史の上にたどってみても、古代から現代にいたるまで、どの権力も例外なく宗教と強く結びついていることが解ります。その代表的なものが神社神道ですが、仏教や儒教がそれに代わった時代もありました。欧米諸国において政教分離が一般化した近代になってからも、わが国においては反対に、より強力な宗教として天皇教、国家神道が樹立されて明治政府の権力を支えた事情については後章で触れるとおりです。敗戦後の民主憲法の成立によって、制度の上では両者の蜜月は破たんしたように見えましたが、最近ふたたびその復縁をのぞむ声がたかまってきました。ここに靖国国家護持の本質があるのです。

このことは、わが国においてはいかなる時代においても、権力は常に宗教を利用せねばならず、宗教はつねに権力に奉仕しなければならぬ特別の事情があったと考えなければなりません。そしてその事情はまた日本的共同体の構造の中に探ることができるように思われます。

まず考えられることは、わが国の権力は閉鎖的な共同体の内部の同じ仲間に対して行使する場合を顧慮すれば十分であって、外界の状況や、そこからやってくる異民族の攻勢などに対する配慮から免れていたということです。ところがこのような狭い地域の中で同じ仲間によって成り立っている等質社会では、客観的にも主観的にも、強大な権力を発生せしめるような条件を欠いているのです。したがって権力者の持っている資質だけではその基盤はきわめて弱く、そこに成立する権力はどうしても不安定なものとなってしまいます。そこから、それを補強するものとして、同族すべてに対して共通の権威をもっている神社神道の積極的利用が企図されてくるのです。そしてこのような傾向はたんに中央権力についてみられるだけでなく、地方共同体における地方権力と在地宗教との間にも、今もって例外なく見られる一般的傾向です。

こうした傾向が永続的に定着するとき、宗教の利用が政治の体質となり、権力自身の基本的発想となります。同様に被治者としての国民の側でもそのような宗教の相対視に慣れてしまって、民族宗教意識が一層固定し、本格的な宗教的自覚への通路をふさがれてしまうことになります。

宗教による政治利用

次にこれを宗教の政治利用という側から考えれば、もともと神社神道は霊の宗教であり、その神霊は唯一神教のような絶対神ではなく、人間とともに喜怒哀楽する相対的な神ですから、その権威も強大なものではありません。それは外来の普遍宗教とまともに対決することのできるような資質を持たず、人々が本格的な宗教意識にめざめれば、たちまち無化されてしまうような不安定な存在です。そのため、自己の存在を全くするには外的政治権力にすがるほかはありません。すなわちその強制によって人々の支持を確保するとともに、それによって民族の正統宗教としての自己の地位を確認させ、あわせて自己の宗教的本質を問うてくるような本格的宗教はすべてこれを民族を堕落させ頽廃させる異端の邪教として政治権力をして排除せしめようとするのです。政治の利用は神社神道の体質から発する本能だとも言えましょう。

このように神社神道による政治の利用がすすんでいくとき、こんどは人々の政治感覚がマヒしてしまいます。神社神道に利用され、それを正当化しようとすることによって政治はその本来の自己目的を見失い、政治全体が前近代的な閉鎖社会を志向し、その中にのめりこんでいくという危険性を犯すことになります。

こうした神社神道と政治との本来的なかかわり方の中に靖国問題の核心があり、また政治と宗教という現代日本の深刻な課題がひそんでいるのです。

三　神社神道と靖国の系譜

1、靖国神社の系譜

現代の靖国神社は神社神道に所属する一宗教法人ですが、もともとそれは古来からの神社神道ではなく、後述するように、明治の初年、政府によってつくりだされた国家神道の支柱として発足したものです。すなわち国家によって意図的につくられた国家宗教の施設でした。したがって靖国は他の神社のようにそれを支えるところの共同体的基盤を持っていなかったし、ある意味では現在もそうした基盤を確保するには不利な条件をかかえています（これは靖国にかぎったことではなく、国家神道の施設として新設された神社はみな同じような立場にあります。靖国の国家護持、ひいては神社国営化要求の一半《いっぱん》の理由はこうしたところにもあるようです）。

他の神社の成立過程とは逆に、靖国はそれによって新しい共同体（統一国家）をつくりだす手段として設置されたのです。当然のこととしてその祭神も古来からの民族の神が勧請《かんじょう》されたのでなく、これからつくりだそうとする新共同体（国家）の樹立に役立つように政府の手によって案出された新造の神です。

ですから、こうした特異な神社を古来からの神社神道の系列に組み入れることにはいろいろ問題があるわけです。厳密に宗教の見地からすれば、敗戦による国家神道の解体に際してその存立についての徹底した検討が加えられねばならなかったのです。本来、神社とすべきではないものを神社として設置したところに、とりかえしのつかない国家のあやまちがあったのです。それについてはその創設の当初においてすでに識者の間で種々論議があったわけですが、その後八十年間にわたる国家神道体制の下で特殊な神社としての実体を具えるようになりました。というのは、古来の神社も一括しておなじく国家神道の中に組みこまれてその性格を改変されたために、一般には従来からの神社神道の神社と新造の国家神道の神社とが実質的に同じようになって見さかいがつかなくなったという事情にもよるのです。そうした中で靖国は国家神道の中でもさらに特異な性格をもっているわけですが、それでもそれが「神社」であることによって神社神道の民族宗教的性格をそっくり受け継ぐこととなったのです。こうした意味では、靖国は神社神道への入婿であると言えましょう。

2、神社神道としての靖国の性格

靖国の霊

まず第一に靖国は霊の宗教であるという事実をしっかり確認しておかねばなりません。現に靖国の行っている宗教活動が英霊に対する慰霊にあり、その招魂、鎮魂のために昇神、降神、祓《はら》え等の祭祀を行っている事実が何よりの証拠です。宗教としての靖国のこの基本性格についての究明がほとんどなされないままに一般の靖国論争がかわされていることはまことに奇怪なことと言わねばなりません。

靖国は宗教ではないという意図的な強弁が、人々の目がこの本質に向けられることをさまたげるのです。と同時に戦没者の霊を国家が祭るのは当然ではないかと強調されながら、その国家責任ということだけが高唱されるために、その国家が霊を祭るということの意味についての吟味がないがしろにされてしまっているのです。靖国はまぎれもなく霊の宗教であるということを再度確認しておきましょう。

霊の系譜から言えば、靖国のそれはあきらかに怨霊・御霊に属します。天皇制国家がそれをどのような美名で言いくるめてみても、事実は訳もわからぬままに狂信的な国家神道の教義を詰めこまれ、家族から引き裂かれて無暴な侵略戦争に駆りたてられ、怨みをのんで異域に果てた亡霊であることにまちがいはありません。

古来の御霊信仰の伝統によれば、このような怨霊はつねに彼らを非業の死に追いやった当の加害者がその祭祀を営むのです。戦死者の怨みは当然そのままその肉親である遺族の怨みです。天皇の名によって殺された二百五十万にのぼる靖国の怨みは、今もその遺族の心のひだに住みついているはずです。天皇を靖国の祭祀に引き出し、霊の前にひざまずくことを彼らが強く要求するのは当然のことです。それが偽らぬ庶民の心理なのです。この御霊信仰の民族心理をそっくり裏返しに利用することによって天皇制国家の復活をもくろんでいるのが国家神道なのです。

国家のために死んだ戦死者を、国家が祭るのは当然ではないかという主張には十分正当性があるのです。彼らを殺し、彼らを強引に霊としてまつりあげた天皇制国家がその祭祀にあたらねばならぬことは当然の道理です。しかし、そのためには天皇制国家を復活しなければなりません。ここに靖国の国家護持が憲法改正とむすびついてくる原点があるのです。

靖国の国家

戦争に負け、憲法が変わったと言っても、国家も国民も厳然として続いているではないか。戦死者を靖国に祭ると約束した責任をわれわれが果たすのは当然ではないかという強い主張がありますが、それは敗戦という事実、日本国憲法の制定という事実のもつ重大な意味が全く理解されていないところから起こるのです。

靖国に祭ることを約束したのは天皇制国家なのです。私たちは、戦死者は天皇制国家のいたましい犠牲者であり、民主憲法の制定によって国体＝国家の基本構造が一変したのだという明確な認識に立たねばなりません。信教の自由をいのちとする民主制国家は、神社神道という特定の宗教で戦死者を祭ってはならぬのです。戦死者を一括して「慰めねばならぬ霊」であると、みずから断定するようなせんえつを許してはならぬのです。

全国民の心からなる哀悼の真情をあらわす施設は、決して特定宗教の性格を持たせてはなりません。戦死者はそれぞれ各自の信奉する宗教にもとづいてとむらわれるべきであり、それはあくまで私たち個々の決定すべきことであります。

なお当初、招魂社として発足したそれをいちはやく靖国（安国）と改称したのは、死霊が時を経て祖霊に変身するという民俗の伝統になぞって、遺族の中になまなましく生きつづけている怨霊を早急に眠らせ護国の英霊とすることによって、民衆を従順な体制の民に仕立てあげようとする天皇制国家の巧妙な発想によるものでした。

祭祀の伝承

靖国はまた神社神道の祭祀をふまえて自己の祭祀を持ちました。したがって祭祀のもつ伝統的な特性をのこりなく具えています。

その滅罪性のゆえに、国家は戦争の罪とそれについての責任とをすべて免ぜられ、その催眠性のゆえに、戦死者のうらみと民衆のうらみがともに眠らされるばかりでなく、天皇制国家の諸矛盾を見すえる国民の目も眠らされてしまいました。そしてその忘却性のゆえに、あの戦争の悲惨も、敗戦の事実をもさっぱりと忘れさせ、祭祀に集う遺族たちにふたたび軍国の神話を語りはじめているのです。

差別の拡大とその矛盾

靖国はまた閉鎖的な神社神道の差別的性格をも受けつぎました。しかし、それをそのまま受けついだのではなく、より徹底し、拡大したのです。

神社神道の差別性は共同体自体の閉鎖性からくる必然的なものですから、それは主として共同体の外に対する差別として働きました。もとより靖国も今度の戦争の犠牲となった他民族の霊などはじめから念頭にないわけですから、外部に対する差別という点では異なるものではありません。しかし、靖国はそれだけにとどまらず、それを自己の基盤である国家共同体の内部にまで持ちこんだのです。すなわち同じ共同体の成員である国民をまず官軍（味方）と賊軍（敵）とで差別することからはじまって、内戦から外戦に転じたあとでも同じ従軍死亡者を国家の認定した戦死者とそれからはずされたものとで差別し、このように死者を差別することによってその遺族である生者をも差別してしまったのです。このことによって靖国自身がおそらく予想もしなかったであろう矛盾をかかえることになりました。

靖国はもとより天皇制国家を支える国家的施設としてつくられたのですから、当然それに対する国民的支持を得なければなりません。ところが国民を差別することによってその直接的支持者を限定し、そのことによってみずからの存立基盤をいちじるしく弱めてしまいました。

靖国はつねに自己の国家的性格、国民的性格を強調してそれを公認させようとしますが、国家自身が国民を差別しているわけですから、それはどうしても直接的には「遺族の施設」という色あいをぬぐいさることができません。

靖国が真に国民的施設となるには、この差別性を脱皮して開かれた施設にならねばなりません。ところが、そうなるためには靖国自体が「安国」という性格を放棄しなければならなくなるのです。もし靖国が現在の性格をあくまで保持しながら自己の支持者を拡大しようとするなら、それを可能にする唯一の方法は将来にわたって永遠に戦争を続けていくことによって遺族を増加させるほかはありません。

民族宗教と戦争責任

「靖国の国家護持は日本人の責任であり、純然たる国内問題である。外国の思惑を考える必要はない」という主張は、靖国がうけついだ民族宗教としての性格をのこりなく言いあらわしています。そしてこれはまた私たち日本人の戦争責任にかかわる問題を提示しています。

私たちは日常何かのあやまちを犯した場合、良心のいたみを感ずるよりも、まず「ご先祖さま」（同族）と「世間さま」（近隣）に対して申しわけがないという感じが先にきます。そしてそうした狭い範囲でじかに触れあっている人々に対してはものすごい負担の重圧を感じて、それを除くために必死になってつぐないの行為をします。しかし、そのあやまちの行為の結果が共同体の外にまで及ぼした影響についてはまったく無関心です。同じ発想で私たちはもっぱら戦死者の霊を手あつく靖国に祭ることによって自己の戦争責任を免れようとするわけです。

私たち日本人に責任感覚がまったく無いというのは適切な表現ではないでしょう。そこにはたしかに共同体的人間の感ずる一種の「責任感」があるのです。しかし主体的人間としての「責任の自覚」がないのです。当然のこととして、中国だけでも今度の戦争で一千万人の人が殺されているわけですが、それらの人々の霊をまつることなど靖国の意識にのぼるはずはありません。

靖国が民族宗教としての現在の性格のままで自己主張を強め、人々の関心が靖国に集中すればするほど、私たちはますますこんどの戦争についての責任など思いもよらぬ無責任な共同体的人間になるほかはありません。

国家神道への契機

靖国はまた神社神道からその原始宗教的性格をうけつぎました。このことがまた国民的施設としての靖国の基盤を弱めることになります。靖国がその原始宗教的性格を固守するかぎり、国民の間に近代的な自我のめざめや、宗教的自覚がすすめばすすむほど、靖国はその支持者を失っていくことは必然です。もし靖国が現在のままで国民的施設としての地位をのぞむなら、全国民を前近代的な没我状態におしとどめておくほかはありません。その具体的な方策は国家神道の復活以外にはないわけです。靖国の国家護持が国家神道の復活につながるのではないかという杞憂が、決してたんなる杞憂ではないことの確固たる理由がここにもあるのです。

第二章　国家神道の形成とその影響

これまで日本人の習俗宗教である神社神道の性格と、それを生み出し、育て、現代にまでうけついできた日本人の民族社会と民族意識の基本的特徴について考えてきました。

靖国神社も、それが神社であるかぎりこうした神社神道を基盤としており、したがってこれら神社神道の特性をことごとく持っています。しかし靖国は、元来、国家神道の支柱としてつくられたものですから、神社神道と同じ特性をもつだけで終わるものではありません。当然のこととして国家神道について考えていかねばならぬこととなります。

一　国家神道の骨格

1、国家神道成立の背景

国家神道とは、ひとくちに言えば、明治国家の組織者たちがその政治目的を達成するための手段として、古来の神社神道を利用し改変してつくり出した国家宗教です。したがって、それは「政治の宗教」であり、個人の内面から発する宗教的要請にもとづくものではありません。擬似宗教なのです。

明治政府が何よりも先に手をつけなければならなかったことは、幕藩体制が崩壊したあとの混乱を収拾して、一日も早く全国的な統一国家としての新しい秩序をつくりあげることでした。そのためには全国の人々の精神的な結合・統合をはからねばならぬわけです。当時の一般の庶民の間では、村・部族・藩などという狭い共同体についての連帯的な所属意識はありましたが、「国家」とか「国民」とかの意識は稀薄でした。これを変革して統一国家の「国民」に仕立てあげねばならぬのです。そのため、一方において攘夷《じょうい》を叫ぶことによって運命共同体としての民族意識の高揚が意図され、他方すべての日本人の意識の中に共通してひそんでいる習俗宗教・霊の宗教としての神社神道と民族的な司祭者であった天皇の利用が企てられたのです。いつの時代でも政権の圏外にありながら精神的存在としてつづいてきた天皇と、日本人のすべてが抱いている神社信仰を二つの共通項として縦横にむすびつけ、これを体系づけて国家神道の教義づくりにもっとも力のあったのが、討幕運動を通して明治政府の中核とかかわっていた学派神道、特に天皇の絶対性と国土・民族の優秀性を熱狂的に強調する復古神道の人たちであったことは、その後の日本の歩みにとって運命的なものとなりました。

2、国家神道の教義

国家神道の教義の核心は、天皇を「生ける神」として神格化し、これに対する全国民の絶対的帰一、帰順を説くことにあります。

古代天皇制の崩壊以来、幕末にいたるまで、天皇は政治的にはまったく無力な存在であり、また一般庶民にとっては精神的にも重要な意味を持ったことはありません。それが長く存在することができたのは、その時々の政権の側で、その権力のあらわな行使を粉飾し、正当化するための手段としてその利用価値を認めたからにすぎません（後に明治の元勲となった、いわゆる勤王の志士さえ、天皇のことを「玉」と軽称していたほどです）。このような天皇を全国民帰順の対象にまで高めるために、民族宗教であり習俗宗教であった神社神道が改変されて、これと結びつけられたのです。

まず全国民、すべての家族の祖霊が天皇家の祖霊に集中されます。そのために天皇家は全国民の総本家であり、すべての家族はその分家であるという新しい神話がつくられました（すでに古代天皇制の下でつくられた天孫降臨《てんそんこうりん》の神話は、天皇家の正統性を保証するものとしてそのまま蘇《よみがえ》らされます。各時代とも中央の権力者たちは自己の祖霊を天皇家の一族として系譜づけていたのですから、これを拡大して民衆レベルにまで下げればよろしい。全国民が単一民族としての特性の強いことも血のつながりをうなずく心情の根拠となります）。これによって天皇家の祖霊である皇祖皇宗は国民共通の祖霊となり、その祭祀を任とする天皇は全国民を指揮する最高家父長であるとともに最高司祭となります。司祭は元来、神・人を結ぶ霊媒《れいばい》者であり、家長は「生ける祖霊」ですから、これをかねる天皇がやがて「生ける神」に移行することは容易です。その神の実体は祖霊ですが、神社神道の伝承によれば、祖霊は生者に対する守護霊です。「生ける神＝祖霊」である天皇は今や顕界と冥界の間（九重の雲の奥深く）に鎮座して日夜国民の幸福と国家の隆昌を庶幾《こいねが》う存在となります。そのうえ、彼は家長として国民と親子の情でむすばれているわけですから、現実の親子関係が神聖化され、家族制度を通して民衆の末端にまでその権威が及ぶこととなります。

このようにして「全国民の精神的統合」をはかる明治国家の指導理念が確立しました。こうしてできあがった明治国家の性格は、家族を単位とする家族制度を国家的規模にまで拡大した大家族国家であり、原始的な習俗宗教を国家に適合させた宗教国家でした。市民的自覚に立った個人を基本とする近代国家とは異質のものです。

3、国家神道の目的 ——神権天皇制——

ところで、このような親和的な家族国家、慈愛にみちた宗教国家の理念づくりが明治政府の目的ではありません。まさに正反対の、畏怖《いふ》と強制による権力国家の樹立こそがその真の目的だったのです。その権力を強固にし、それを絶対化するための手段として家族制度のもつ統制秩序と、宗教のもつ権威が最大限に利用されたのであり、それを正当化するための理念づくりであったのです。

今や天皇は親であり、しかも生ける神ですから、その意志は絶対善であり、その行為は完全な無謬性《むびゅうせい》をもつわけです。ところが一方において天皇は立法・司法・行政の三権を掌握し、陸海軍を統帥《とうすい》する国家の最高主権者として、明治憲法で規定してあるわけですから、神としての天皇の意志は具体的には国家の統治意志であり、その行為は国家の統治行為を指すことになります。すなわち、天皇の名による明治政府の政治的意図と諸般の施策が、すべて絶対性と無謬性を持つことになるのです。政治上の主権者としての天皇がそのまま「神聖にして侵すべから」ざる宗教的権威として規定され、現実の政治が神の「勅命」として行われることになるのです。

したがって政府の命令に従うことは、大家族国家の一員として大家父長に協力することであるとともに、また神の仁慈に感奮《かんぷん》して滅私奉公し、神国日本の現世理想である王道楽土を地上に実現しようという宗教的実践となったのです。

このようにして国家神道の教義は、その理念・実践の両面をととのえ、その真の目的である祭政一致の神権天皇制国家をうちたてることに成功したのです。

二　国家神道樹立のための施策

1、神仏分離

国家神道の教義は、すでに見てきたようにわが国固有の神社神道、家族制度、天皇のもっている諸要素をぬきだし、これを巧みに練りあわせてつくられたものですが、この教義の基盤をととのえるために政府の手によって強力な宗教政策がとられました。

重層信仰が日本人の宗教の特徴だと言われていますが、仏教はわが国に入ると間もなく習俗化の道をたどり、仏と神とはたがいに融合し、いわゆる神仏混淆《こんこう》の結果、全国の神社のほとんどが仏教的要素を取りこんでいました。仏と神とは本質的に同じものとして受けとられていたわけですが、それでも仏教は外来宗教だということもあり、また何といっても日本の習俗の中におさまり切れないような世界宗教としての要素をもっていたので、国家神道の中へそっくり組みこむことが困難でした。そこで神社神道を国家神道の土台とするためには、まずその中に混じっている仏教的要素を排除することが先決でした。政府は慶応四年、神道を国教とする祭政一致の基本態度を打ち出し、いわゆる神仏判然令《はんぜんれい》と呼ばれる仏教排除政策にとりかかりました。神社界からの「攘夷」運動です。社僧の僧形が禁止され、「権現」「午頭《こず》天王」「八幡大菩薩」というような仏教臭の強い神号がさしとめられ、神社における本地仏や鰐口、梵鐘などの仏具が一掃されます。

宮中内においても宗教行事は神道一式と定められ（明治元）、位牌《いはい》や仏具はすべて洛東の泉湧寺に移される（明治4）という具合です（このことによって、天皇家の宗教が神道に固定され、天皇が実質上の神官として今に至っていることは、民主憲法下におけるその地位とからんで、微妙で深刻な問題をはらんでいます）。

このようにして全国の神社は、それに寄せられる民衆の宗教心情とは無関係に、一方的に従来からの性格を変えました。民衆の宗教を取りあげて、かわりに擬似宗教を強制しようとする宗教干渉が始まったのです。

2、神社の系列化・国営化

明治以前までは全国の神社は大体において地方における共同体の神社でした。なかには同じ利害で結ばれた人々によって支持され、多くの末社をその系列下におさめた有力神社もあったが、直接国家体制と結ばれることはなかったのです。もちろんその財政もそれぞれの支持者・支持層によって支えられていました。多くの零細神社は神職を持たず、共同体の長が交替で祭祀を主宰《しゅさい》していました。

これらの神社に国家の政治機能を果たさせるためには、全国の神社を中央集権的に系列化し、それを直接国家の機関とすることが必要となります。

まず全国の神社がその勢力範囲の大小に応じて官幣社・国幣社・府県社・郷社・村社・無格社の段階にランクづけされて、政府機関の所管となりました（明治4）。そして天皇家の氏神である伊勢神宮がその系列の頂点にすえられました。大家族国家の家族的秩序が神々の世界に導入されたわけです。

そして、神社の費用は官・国幣社は国庫から、府県社以下の祭祀費はそれぞれ県費・村費より支出することとし、神宮以下全国の神職を祭主・宮司・禰宜《ねぎ》・主典《しゅてん》・宮掌等の諸職に位置づけて、それに応じて親任官・勅任官・奏任官・判任官・または待遇官吏に任じました（明治39）。

これらの措置によって神社神道の神々はすべて皇室を中心とする国家の神となり、全国の神社は国家の宗教施設となり、全神職は国家神道の祭祀を行う宗教官僚となってその性格を一変しました。

3、神道儀礼・祭祀の統制

このようにすべての神社を国家の宗教施設としたうえで、政府は神宮以下の神社祭式を定め（明治8）、その後、相次いで「神社祭式行事作法」（明治40）、「神宮祭祀令」「神社祭祀令」（大正3）等を公布しました。

これによって、それまで地方共同体の伝承行事であった神社の祭祀は、国家の宗教官僚である専門神職の手にゆだねられることとなり、その儀礼は天皇家に伝わる皇室神道を基準として定めた国家神道の礼式に統一されて、一律に国民に強制されることになったのです（現在私たちは、二拝二拍手一拝という神社参拝の儀礼を日本古来の風習のように思っていますが、これは明治以後、政府の指導強制によって普及した新習俗なのです。それまでは各人がそれぞれの信仰にもとづいて、あるいは合掌し、あるいは念仏するという自由な行儀に従っていたのです）。

このことと関連して、政府は国家宗教をさらに確実に国民の生活に定着させるために、全国民を氏子として神社の直接掌握下に組み入れ（明治4）、また各戸における神棚の設置をすすめて神道儀礼を家庭内に持ちこみ、国民の宗教意識を統制しようとしました（一般庶民の家庭にひろく神棚が設けられるようになったのは明治以後の現象です）。

4、零細神社の統廃合 ――神々の整理――

全国のめぼしい神社が国家の宗教施設として再編成される一方で、地方住民の土着信仰と結びついていた零細神社は、国家権力の手によってその統廃合が強行されました。村上重良氏の『国家神道』によれば、大正初年までに整理された神社は全国で八万社におよび、中には稲荷・八幡・金比羅・天神の四祠を合併して「稲八金天神社」としたというような、おどろくべき宗教干渉の事実が指摘されています。

これと関連して、政府は民衆の生活の中に深く根を下ろしていた土俗信仰（梓巫《あずさみ》女《こ》・市子《いちこ》・口寄《くちよせ》・孤下げ等）の呪術行為を厳禁（明治6）するとともに、国家神道の教義と相容れない民間宗教（天理教・金光教等）を一括して人心を惑わす「淫祠邪教」の理由で弾圧に乗りだしたのです。

これらの零細神社や民間信仰は、いずれも地方民衆の生活要求とむすびつき、それによって下から支えられているわけですから、上からの支配の宗教である国家神道とは性格的に一致するものではなく、ともすれば官僚制に対する抵抗の拠点となり、また中央政府に対する反抗の土壌となる危険性をはらんでいたからです。

こうした弾圧の下で、在来の地方神社を中心として民衆の生活となっていた、共同体の伝承的な民間行事や地方の民俗が急速に滅んでいったのです。

5、教義の普及

イ、国教の宣布

明治政府の周到な配慮と手続きによって、国家神道はここに「国家」の「宗教」としての理念と制度とを完備し、全国民に対してその教義を宣布することとなります。政府は国家神道の教旨を従来の神社神道と区別するため、これを「大教」「治教」と称し、明治三年（一八七〇）「大教宣布」の詔《みことのり》を発し、宣教師を任命して布教に当たらせました。明治五年には、さらに教化の実をあげるため教部省を設置して全神社・全宗教を所管せしめ、教導職として大教正以下十四級をおき、神官にかぎらず僧侶をもこれに任じ、「三条の教則」を達して布教の要旨としました。いわゆる敬神愛国・天理人道・皇上奉戴《こうじょうほうたい》の三条で国家神道の骨格を示すものです。布教の施設としては東京芝増上寺に大教院を置き、中・小教院には全国の神社・寺院をこれに当てたのです。僧侶・寺院を採用したことは仏教を許すことではなく、三条の趣旨に悖《もと》るような説法を許さず、また教導職試補以外の僧侶の布教を禁じ、増上寺では本尊を撤去して造化三神と天照大神を祀り、鳥居を立て、注連《しめなわ》を飾り、僧侶には神官とともに烏帽《えぼ》子直垂《ひたたれ》で神道儀式を行わしめたのです。要するに僧侶の布教能力と寺院の施設とを大教宣布に利用したのです。しかし、このような強引なやり方は、開明的有識者による政教分離の主張と真宗四派の大教院脱退（明治8）によって瓦解し、教部省は全宗教界に信教の自由を口達し、やがてみずから解体しました（明治10）。ただし、信教の自由は国家の与える保護であるから、国家の意図を妨げるような教化をしてはならぬことが義務づけられ、神道国家主義がつらぬかれたのです。

しかし、制限つきとはいえ信教の自由を認めるとすれば、国家神道の教義をどうして全国民に徹底するか、またすでに国家の宗教施設となっている全国の神社をどうするかということが新たな問題となってきました。この難問を解決するために政府は祭祀と宗教を切りはなすこととしたのです。

すなわち、神社の祭祀は民族古来の美俗であるから宗教活動ではないとし、神官の布教活動を禁じて専ら祭祀の執行に当たらせ、これを国家行事・国民儀礼として、すべての宗教に関係なく国民個々の信仰を無視して全国民に参加を義務づけることとしました。

他方、国家神道の教化活動としての教義の布教は、国民精神を涵養《かんよう》する国民教育であって宗教活動でないとして、これまた国民の信仰の如何にかかわらず、教育行政を通じ全国の学校で義務教育として徹底して教えることとしたのです。

このようにして神社・神道は宗教ではない（裏から言えば超宗教である）という論拠をおし出して、国家神道はその真の目的である神権天皇制国家樹立の聖旨を国家の教育として全国民に浸透せしめることとなったのです。

ロ、公教育による布教

「皇祖皇宗及皇考ノ神祐ヲ禱リ」「神霊」の照鑒《しょうかん》を「庶幾《こいねがう》」して神の末裔《まつえい》たる「皇朕(天皇)」（明治22、大日本帝国憲法発布の告文）の名によって発布された欽定《きんてい》憲法は、宮中の祖霊ならびに全国の神社の神前で奉告され、神道国家の基本姿勢が宣言されました。したがって国民個々の信教の自由は、国家神道の枠の中で「安寧《あんねい》秩序ヲ妨ケス及臣民タルノ義務ニ背カサル限ニ於テ」（二十八条）認められるほかはなかったのです。

そして皇祖―神聖天皇を頂点とする家父長制国家と、これに対する国民の絶対信順の伝統がわが国の歴史であり「国体ノ精華」であり、これが国民「教育ノ淵源」であるとされたのです（明治23、教育勅語）。

現神《あきつかみ》としての天皇に絶対帰順することは明らかに宗教行為ですが、天皇は同時に政治上の三権を統括する最高主権者ですから、その天皇の名において出された教育勅語は、現実には「忠」を核心とする家父長制道徳に従うこと、ひいては天皇の意志である天皇制国家の命に従うことが、「古今ニ通シテ謬《あやま》ラス之レヲ中外ニ施シテ悖《もと》ラ」ぬ宗教的真理であるとして強要し、この国家宗教の理念の注入とそれによる政治的実践とを教えることをもって教育の基本としたのです。

大日本　大日本
われら国民七千万は
天皇陛下を神とも仰ぎ

親ともしたひてお仕へまふす

大正の末期、小学校の国語教科書にあった文言が、今も強く私の脳裏に刻みこまれています。そして天皇陛下が親であり、神であるということに、子供ごころにも何かふっ切れぬものを感じていたことを思いだします。

修身教科書では滅私奉公と家族道徳の美談が中心となり、歴史教科書では神の御裔《こうえい》としての天皇の正統性とその仁慈が強調され、万国無比の国体と欽定憲法の尊厳が説かれました。そしてこの正統に反するものは、すべて日本人にあらざる不忠不義の逆臣であり、神をないがしろにする「不敬」の徒であると教えられました。

そのうえ、さらに一歩を進めて、政府は学校そのものを神社化し神域化しようとする方策をとりました。全国の学校に天皇・皇后の御真影を下賜《かし》し、明治二十四年以後それと教育勅語とを安置するための奉安庫・奉安殿が校地内に特設されて神域となりました。国家の祝祭日には全員が御影を迎えて最敬礼を捧げ、異様な緊張の中で勅語が奉読されるという、神道的宗教儀礼がくりかえされました。

宗教と切り離されたはずの「祭祀」が呼び戻され、「教義」と合体することによって、ここに全国の学校が国家神道の強力な宗教施設となり、全国の学校教師は神官とともにその宗教的役割を分担せしめられることとなったのです。

三　国家神道の特性とその影響

1、国家神道の特性　――神社神道との差異――

このようにして確立した国家神道は、みずからを「民族古来」の伝承の精華であると主張し、その支配下にある神社の祭祀もまた「民族古来」の美俗であるとしました。たしかに国家神道はその「宗教」としての基本性格を古来の神社神道から受けついではいますが、それをそのまま引きついだのではありません。両者の間には異質といってもよい決定的なちがいがあることを注意しておく必要があります。

第一に、国家神道は宗教としての明確な教義を持ったということです。国家自身がその「開祖」です。「神社神道は特定の教義を持たぬから宗教ではない」という所論は、決して国家神道にはあてはまりません。

第二に、それは皇祖を中核とする「祖霊」中心の宗教・国家的規模における「祖霊崇拝」の宗教です（神社神道の霊は祖霊にかぎらず、あらゆる多様な霊を包摂《ほうせつ》していました）。

第三に、それは人間としての天皇を「生ける神」、本尊とする宗教です。「祖霊」中心とは言っても、それはこの「生ける神」の権威を補強するためにのみ必要とされるのです（顕界における生ける人間を神とすることは、神社神道の伝統の中にはまったく無いことです）。

第四に、それは人為の宗教であり、擬似宗教です（神社神道は多分に自然発生的な共同体の宗教として人々の宗教的要請に応ずる性格を備えていました）。

第五に、それは絶対的な権力の宗教であり、畏怖の宗教です。絶大な中央集権的な世俗権力が国家神道の宗教的権威を支えたのです。したがって、それは人々の絶対的帰順を要求します。不信の者は現実に生命の危険にさえさらされねばなりません（神社神道の神は人間以上の霊能をもつとは言っても、人間と同じように喜怒哀楽する相対的な神です。全国的規模における絶対的権力など持ちうべくもありません。特にその祖霊は守護霊であり、愛護の神でした）。

第六に、それは峻厳な差別の宗教であり、攘夷の宗教です（神社神道はその是非はともかくとして、現実には土俗信仰や仏教とも融合する猥雑性《わいざつせい》と寛容性をもっていました）。

2、国民性に及ぼした影響

このような国家神道の八十年にわたる支配によって、明治以後「神社」がその性格を大きく変えたということと、私たち日本人の宗教意識、ひいては民族の意識形態、国民的性格までが深刻な影響をうけ、それが現代にまでおよんでいることを確認しておかねばなりません。

日本人の意識形態、精神的態度についての国家神道の影響を考える場合、神社神道が習俗宗教であったということに改めて注意しなければなりません。

神社神道が習俗だということは、それが日本人の生活意識を規制するとともに、それ自身が民族の生活形態だということです。

したがって先に「神社神道の基本的性格」のところで注意した神社信仰にみられる宗教心理的諸特性が、実はそのまま日本人の民族意識の特性だと言ってよいわけです。それは一口に言えば閉鎖的な原始社会に特有な意識ですが、それが現代日本人の中にまで生きつづけているところに日本的特異性を見てきたのです。そしてその理由を、私は一応わが国の閉鎖的な地理的条件と有史以来の単一民族社会に求めたわけです。

しかし、このような民俗固有の伝統的習俗意識を、しかもそれをゆがめ、その特異性を増幅したかたちで現代日本人の意識として根づかせたものは、明治以来の国家神道にもとづく国民教育と、それを支柱とした天皇制国家の社会状況の中でつくられてきた新習俗だと言わねばなりません。

明治以後の日本人の民族意識の変化の特徴として第一にあげねばならぬのは、宗教意識の混乱とその退廃です。

もともと原始宗教であり民族宗教である神社神道が世界宗教の座につこうとし、世俗権力である天皇がそのまま絶対神となり、その権力によって宗教統制がつづけられた結果、本来の宗教がすべて相対化される一方、仏教・キリスト教のような普遍宗教が、強力な権力統制の下でそれと迎合して本来の性格を曖昧にしたことから、人々は宗教と世俗、正信と迷信、絶対と相対のけじめがつかなくなり、宗教的真理に対する敬虔《けいけん》感情と、現実への凝視力を急速に失ってしまったのです。現代日本人にみられる極端な宗教心の欠如、生命に対する畏敬感覚の喪失や迷信の流行も、ここにその真の理由があると考えねばなりません。

第二にあげられるのは「力への信仰」です。

これは本来の宗教感情をなくしたことの当然のなりゆきとも言えますが、より以上に政府の強力な指導の結果でもあります。国家神道によってみずからを絶対化した政府が、実際に総力をあげて追求したのは「殖産興業」とそれを守るための「富国強兵」政策でした。そしてそれを早急に実現するために全児童・生徒をして「身を立て、名をあげ、やよはげめよ」と立身出世主義にかりたてたのです。他をはたき落としてでも権力と経済力とを手に入れることが民族あげての究極目標となり、最高善となりました。他の一切の価値をあげつらうことは「問答無用」となります。そうして手に入れた金と力は自己の内から発するものではないから、それによって憍慢不遜《きょうまんふそん》となり、その裏がえしとしてより大きな金と力の前には自失して卑屈となる精神傾向を助長しました。

第三には、右か左かという二者択一の単純思考と、手続きを省略した結論重視の短《たん》絡《らく》思考を強めたことです。これもまた宗教的無限感覚を失ったことの結果と言えます。

このようなことが明治以後の日本人の精神的態度の特徴として特にあげられるわけですが、そのほか先にあげた神社神道、じつは日本人の民族的精神態度の特性が一層強められ、それが国民的規模で固定したのです。

国家神道は日本人に特有な「民族の業」をさらに上塗りし、裏打ちして強化し、それを破ろうとする外からの光と、内からの要求を固く閉ざしてしまったのです。

とくにここで注意しておかねばならぬことがあります。それは、最近私たちの周辺で気にかかる発言が勢いを得てきたことです。「現在の日本の民主主義、とくに最近の若者の行動にあらわれたそれが、極端な利己性、セクト性、観念性を露呈しているのは占領政策による戦後の民主化教育の行きすぎが原因だから、国家の独立を回復した現在、民族の伝統的精神に帰らねばならぬ」という発言です。このような発言こそ、敗戦によって死滅したはずの国家神道の思想が今もなお強く生きていることの証拠ですが、より以上に重大なことは、こうした発言者たちが、現代の若者たちの行動にみられるゆがみの原因が戦後の民主主義教育のあやまりにあると考え、それを疑っていない点です。事実はまさに反対であって、戦後の民主主義教育をもってしても国家神道によって歪曲化《わいきょくか》された民族固有の閉鎖性・非社会性（外への無関心と内部志向的自己中心性）を矯正《きょうせい》することができなかったのです。新しい時代の若者たちの血肉の中に私たち年輩者を通して古来の民族の業がそっくり引きつがれているのです。「戦後」はまさに「戦前」の民族の正統なのです。双方の間に反発はあっても断絶などあり得ようがないのです。そしてその共通の業を通して民主主義が受けとられたにすぎぬのです（かつて仏教や儒教がそのようにして受容されてきたのとまったく同じように……）。若者たちに民族の業を伝えたのは私たち年輩者の業です。決して民主主義のせいではありません。民主主義は「行きすぎた」のではなくて、社会的にも政治的にももっともっと根づかせねばならぬのです。

四　国家神道の支柱としての靖国

1、招魂社の創設とその性格

靖国神社はそれが「神社」であるということによって、すでに見たように神社神道の性格と機能を備えております。

しかし、それは古来からの神社神道の神社ではなくて、最初から国家神道の施設として創建され、国家神道の特性をもっとも強烈に具現している点で他の神社に見ることのできぬ特異性を持っています。

靖国神社の前身は、慶応四年、京都東山に創設された「招魂社」で、嘉永六年以来の内戦による天皇方戦死者の霊が、政府自身の手によって祭られたのです。

そこには非業の死をとげた殉難者の霊を悼み、これを慰め鎮《しず》めようとの古来の御霊信仰の伝統が受けつがれていますが、より以上に後の靖国神社につづく国家神道的性格が早くもあらわれています。

そこに祭られる霊が政府の手によって選択されたということとあわせて、その死者の霊を利用して、国民を天皇制国家の意図、霊社設立の真の目的に向かわせようとする政治的性格が強く打ち出されているのです。すなわち招魂社の創設は、天皇の「叡《えい》感《かん》」によるものであり、多数の臣下の霊を政府が祭るということは死者に対する破格の恩遇であるばかりでなく、生者といえども「尚向後王事に身を殲《つく》し候輩、速に合祀在せらるべく候間、天下一同此旨を奉戴し、益々忠節を抽《ぬき》んずべし」と布告しているのです。国家の戦争遂行のために、将来にわたって無限に新しい英霊をつくり出してゆこうという靖国の意図が、のこりなく示されているわけです。

これとは別に、明治二年、内戦終了の段階でそれまで藩によって営まれていた各地の招魂場・招魂社を統一しようとして、東京九段につくられた東京招魂社は、当初から他の神社と異なる性格をもって発足しました。それは軍によって作られ、軍の所管する軍の神社であって、反政府方の戦死者をはっきり「賊」と規定したことでも解るように、たんなる慰霊を目的とする霊社ではなかったのです。明治七年から始まり、以後相次ぐ天皇の参拝によってこの神社の破格の地位が確立し、さらに翌八年、京都東山の招魂社の霊を招魂・合祀することによって、政府・軍による霊の独占機構が完成しました。

2、「靖国神社」の創建とその特異性

しかし、従来のような藩兵でなく、政府の徴兵令（明治6）による国軍（一般徴兵）の大量戦死（政府軍六六六五名）した西南戦争（明治10）のあと、「招魂社」の名を改めて創建された「別格官幣社靖国神社」（明治12）は、その性格をさらに一変しました。

その第一の特徴は、招魂社の時点では、まだ多分に「個々の戦死者の霊」であったものが、今や「集団的な神」となりました。

第二には、それが本格的な「国家の神」となったことです。すなわち、国家は靖国に対して異例の処遇をもって、伊勢神宮に次ぐべき権威を与えるとともに、そのよう

な「権威ある神」となることの決定権を天皇の手に帰すことによって本格的な「政治の神」としたのです。祭神として合祠されることは国家の方針にかなったと認められる者に対してのみ与えられる天皇の「恩賞」となりました。それとともに徴兵令によって国軍に編入される一般庶民は、その個々の信仰を無視して国家によって一方的に「神」とされることになったのです。

第三に、祭神の絶対多数が戦死者であることによって靖国は政治行為である戦争を宗教行為にまで高め、以後の軍国主義による侵略戦争を宗教戦争（聖戦）として絶対化し、それに対する批判の目をおしつぶし、国家神道の先兵的役割をになう「軍国の神」となりました（このことはまた生前のいかなる不道徳な悪行も、「戦死」という一事によって一律に国家によって宗教的に許されるとする「国家免罪権」という奇怪な宗教観念をひろめることとなりました）。

第四に、靖国はそれが「国家の神」でありつつ、その独自の方法によって次第に「国民の神」・「新習俗としての神」となる性格を備えるようになりました。すなわち、以後、国家による戦争の継続・拡大とともに無限に祭神を増やし、自動的に全国にわたってその信者（遺族）を獲得することになったのです。このことによって、いつでも国家自身に向けられかねない国民の怨念が、その的をそらされ、戦死者の怨念を相抱いて靖国の庭に痛々しく眠らされることとなりました。そしてこのことが、国家が靖国に期待したもっとも重要な機能であり、靖国創建の真の目的もここにあったのです。

このような靖国のもつ諸性格は、どれ一つとして古来の神社神道の中に見い出すことはできません。国家神道の特異性をもっとも極端なかたちで具現しているのが靖国です。

第三章　国家神道の解体・復活

一 国家神道の解体

民族宗教としての神社神道を巧みに改変し、神権天皇制国家確立の推進力となった国家神道は、明治以後の急激な国家権力の増強とともに、その威力を加え、ついに太平洋戦争期に入ってその暴威は絶頂に達しました。

明治憲法による「形だけの立憲政治」はその形さえ失い、「制限つきの思想・信教の自由」すらも完全に圧殺され、すべての宗教はその支配下におかれて国家神道に迎合するよう教義の改変を強要されたのです。

しかもその上、植民地や占領地の拡大にともなって、日本民族自身にすら納得しにくいその特異な教義を、異民族である他国民にまで及ぼそうとしたのです。海外領土や占領地のいたるところに神社を建ててその参拝を強要し、日本と被支配民族はともに天皇を親とする兄弟であるとされ、天皇の仁慈《じんじ》は他民族にまで及んで、世界は大きな家であるとされました（五族協和・八紘一宇）。現人神《あらひとがみ》と家族制度の観念が無限に拡大されて、あたかもそれが普遍宗教的真理であるかのように絶対化されたのです。外界に対してまったく鈍感・無関心で自己中心的な閉鎖性格が遺憾なくあらわにされたのです。そしてその必然の結果として敗戦を迎えました。

連合軍最高司令部から出されたいわゆる神道指令（昭和20）によって、神社神道に対する国家の援助、学校における神道教育、国民に対する神道行事、神社参拝の強要などは徹底的に排除され、明治以来の国家神道は天皇制国家機構とともに崩壊しました。ただしこのことは、決して宗教としての神社神道を否定するものではなく、他の宗教と同様に宗教法人令（昭和20）、のちに宗教法人法（昭和26）によってその活動を保証されたのです（現在一部の人たちの間で、神道指令をもってことさらに占領軍による神道弾圧であったかのように言われているのはいわれもないことです）。

翌年の元旦、天皇みずからの手により「天皇ヲ現御神《あきつかみ》トシ、且日本国民ヲ以テ他ノ民族ニ優越セル民族ニシテ、延テ世界ヲ支配スベキ運命ヲ有ストノ架空ノ観念ニ基クモノニ非ズ」との「人間宣言」が発せられその神格が否定されました。

このようにして、神社神道は国家神道以前の、本来の民族宗教に復帰することになりました。しかし、それは決して文字どおりの復帰ではありません。たしかに法律的には国家神道は無くなり、施設としての神社や神官ももはや国家に所属しておりませんし、また公的な神道教育も停止されました。しかし約一世紀に近い期間、世代を支配していたその力が法律的措置だけで断絶するものではありません。政治の改変がただちに国民意識や社会生活の変革につながるものでないことは歴史の教える事実です。とくに国家神道の場合は制度としては解体されはしたが、祭式・儀礼の様式はそのまま復帰後の神社神道に引きつがれ、国家神道の宗教官僚であった神官の多数が神社神道の神職として復帰しました。明治以後政府の強力な指導下で国民生活の中に定着した神道的新習俗は衰えるどころか、社会の拡大にともない一層普遍化したとさえ言えます。一度変質してしまった神社神道は、再び古来の姿に帰ることはむつかしいようです。

神社神道が真に民衆の宗教的要請に応える宗教本来の場に立とうとするなら、不当な国家の統制から解放されて信教の自由を保証された現在の情況を、他の宗教と同じように大いによろこばねばならぬはずであるのに、実際は靖国問題にあらわれたように、総ぐるみで再び国家と結びつこうとしているところに深刻な問題がはらまれているわけです。

神社神道の宗教としての性格を改めて見直さねばならぬときだと思うのです。

二　国家神道の復活

——その拠点としての靖国——

1、靖国国家護持のあゆみと主張

あゆみとその周辺　国家神道の解体によって、昭和二十一年、神社の大半を包括する宗教団体として神社本庁が設立されましたが、靖国神社はこれとは別に東京都の単一宗教法人となり、その目的を次のように掲げて再発足しました。

「本法人は明治天皇の宣らせ給うた〝安国〟の聖旨に基き、国事に殉ぜられた人々を奉斎し、神道の祭祀を行ひ、その神徳をひろめ、本神社を信奉する祭神の遺族その他の崇敬者を教化育成し、社会の福祉に寄与しその他本神社の目的を達成するための業務を行ふことを目的とする」（宗教法人「靖国神社規則」第三条）。現在、靖国の参拝・観光客は一日平均二万人、年間七百万人と言われ、観光バスがひっきりなしに発着し、また毎日のように「〇〇大隊慰霊祭」といった旧軍関係の祭事が営まれ、春秋二回の例大祭も復活して独特の宗教活動をしています。

靖国神社国家護持法案は、この神社神道としての靖国神社を、ふたたび「宗教でない」ことにして宗教法人のわくからはずし（特殊法人）、これを国家の施設とし、その祭祀行事を国民的行事にしようとするものでした。

このことが問題になるのは、これによって神道と国家とが合体し、再び国家神道が復活する危険が感ぜられるからです。たんに靖国だけが問題なのではなく、国家と宗教、国家による宗教干渉という容易ならぬ問題をはらんでいるからです。

これに対して「民主憲法の下において今さら国家神道の復活など考えられない。そのような心配は杞憂にすぎない。靖国の国家護持は戦没者ならびに遺族の願いに応えようとする純粋な国民的心情から発するのだ」との有力な見解が一般にゆきわたっています。靖国の国家護持はあくまで靖国にかぎられる問題だというわけです。

はたしてそうなのか。「国家神道の復活」は一部の人の杞憂にすぎぬのか。靖国問題の推移に即しながら実際にあらわれた事象について考えてみることにしましょう。考察の便宜上これを年表風にまとめてみます。

○昭和26　講和条約調印・政府は靖国神社と護国神社に限って禁止していた国有境内地の譲渡を許す。

○昭和27・10・16　宗教法人靖国神社に対し、日本国の象徴である天皇ならびに皇后両陛下が参拝。（以後天皇の参拝八回、靖国法案が問題化してからは中止されている）

○同年・11・6　日本遺族厚生連盟第四回大会で、靖国神社の慰霊行事経費の国庫支弁を決議し、国会・政府に要望。同年皇太子の成年式立太子礼が行われる。

○昭和28　日本遺族厚生連盟が発展的に改組し、財団法人日本遺族会となり地方組織を拡大、また靖国神社奉讃会結成。

○同年・10　敗戦のため延期されていた伊勢神宮の第五十九回式年遷宮挙行。神社神道界活気づく。
○昭和29・2・11　神社本庁の通達で橿原・伊勢神宮・鎌倉八幡など紀元節祭を行う神社増加す。
○昭和31・1　第八回全国戦没者遺族大会で靖国神社国家護持を決議、以後日本遺族と神社本庁とが中核となって推進。
○同年・3　自由民主党「靖国法案要項」（国営化）をつくる。
○昭和33・9　自由民主党総務会「宗教団体調査特別委員会」で明治神宮・伊勢神宮の取り扱いについて宗教法人法を再検討。
○同年・11　皇太子の婚約発表、政府は皇室神道儀礼である結婚礼式（宮中祭祀）を国事とする。
○昭和34・1　自由民主党「宗教法人問題特別委員会」設置、伊勢神宮の非宗教法人化、靖国神社国家護持の動き。
○昭和36・3　神社本庁、不敬罪制定請願運動開始。

○昭和37・2　池田首相、衆議院予算委員会で改憲発議権は内閣にもありと答弁する。改憲の是非をめぐり初の公聴会。
○昭和40・4・17　「靖国神社国家護持の真の目的は神社の財政援助でもなければ、遺族待遇の世俗的問題なのでもない。日本国そのものの精神的姿勢を正す問題である」（「神社新報」論説）
○昭和41・6　「紀元節」法案、国会で強行審議。12　政令で「建国記念の日」制定。
○昭和42・6　自民党内、遺家族議員協議会で「靖国神社法案」（村上私案）発表。
○昭和43・4　「靖国神社は、神社神道の教義をひろめ、信者（氏子）を教化育成する団体ではないから、宗教法人にいう宗教団体には該当しない。また憲法二十条の宗教団体にも該当しないことが後にのべるように明らかである。故に国から特権を受けても憲法違反ではない」「そもそも靖国神社はその創建の由来にかんがみ、国の為に一身を捧げた人々の霊をまつる。それを顕彰し、国の国民に対する責任をいささか果たし、道義の基本と為すところの報恩感謝の表明をしようというのであり、この考えは提示された靖国神社法案でも変わりはない。そしてこのことに異論をとなえる人は日本国民として極めて稀な人だと私は考える。この国民感情を生かすような憲法解釈は可能だと私は考える」「靖国神社が将来も、即ち、靖国神社法制定後も、これまでの形式の儀式をつづけて差し支えない。憲法違反ではないと考えるのである」（靖国神社法案に関する憲法調査会意見　自由民主党政調憲法調査会会長　稲葉修）

○昭和44・6　自民党所属の全衆議院議員の共同提案として第61回国会に「靖国神社法案」提出、審議未了となり廃案。

○昭和44・8・30　「急激に日本経済は発展しているが、その反面、精神的な弱さがある。それを克服できるのはキリスト教や仏教では不可能、神社神道以外にはない」（「神社新報」講演記事）

○昭和46・11・15　「靖国神社国家護持の実現は運動の終着ではなく、むしろ靖国を中心とする英霊奉賛の国民的運動の出発点である」（「日本遺族通信」）

国家神道復活のみちすじ

以上、靖国神社法案成立にいたる情況をあとづけてみたのですが、ここからうかがわれることは、「法案」が決してたんなる「英霊の慰霊顕彰」という単純な遺族の心情に応えることを「真の目的」とするものでもなく、またそれが「靖国」にかぎる特定の問題でもないということです。そこから次のような重大な問題が浮かびあがってくるのです。

第一に、天皇―神道―国家の不可分関係です。

皇室神道
国家 ＝ 天皇 ― 神社神道

まず天皇は天皇家の宗教である皇室神道の司祭であり、それを通じて神社神道と固く結びついているという事実が知られます。

そしてその天皇が「日本国」ならびに「日本国民統合」の「象徴」であることによって、皇室神道の祭祀儀礼がそのまま「日本国」の「国事」となり、その天皇の動向に応じて「神社神道」が常に国家と結びつこうとしている事実をも知ることができます。さらにその動きが靖国の国家護持をはかる「法案」問題を主軸として年とともに強まり、次第に現実化の歩みを確実に進めているという事実を見逃すことはできません。

第二に靖国とならんで伊勢神宮の非宗教法人化が議題に上っていますが、これに続いて次には必ず各府県の護国神社の公営化が予想されます。そうなればやがて旧別格官幣社から全神社に及び、祭政一致の国家神道の全面的復活は必至です。

第三に靖国の国営を突破口として、「神道主義による国民教化」の意図が露骨にうちだされているという事実です。

すなわち、こうした事実を見るならば、靖国の国家護持実現が国家神道の復活につながるということが決して杞憂ではないどころか、すでに国家神道は着実に復活の日程をおし進めていることを認めぬわけにはいきません。

「法案」はその後も「日本遺族会」「神社本庁」その他の国家主義勢力が推進力となり、ほとんど毎国会にねばり強く上程され、そのたびに審議未了・廃案をくり返しましたが、第七十一回国会（昭和48）で五度目の提案が行われ、内閣委員会で自民党議員の強行採決によって内閣委の継続審議となって議事日程の中に取りこまれ、ついに翌昭和四十九年、第七十二回国会の内閣委員会、次いで衆議院本会議において、いずれも自民党議員の審議ぬき単独強行採決によって可決され、参議院へ送付されたことは記憶に新しいことです。

2、「靖国法案」のからくりと違憲性

法案の論理　「法案」は一応廃案になりましたが「国家護持の論理」を心得ておくために、その骨子を吟味しておきましょう。「法案」は現に宗教団体として宗教活動を行っている靖国神社を、そのまま国家の施設にしようとする違憲性をごまかすための苦心の作です。そのため法案全体が「靖国神社は宗教ではない」という建て前によってつらぬかれています。その立法の論理を整理すると次のようになります。

(1)「英霊」「慰霊」(「法案」第一条)などの語の意味する「霊の信仰」は民族古来の美俗であって、「宗教」に該当しないという前提に立つ。

(2)その上で、特に靖国神社を他の神社と切り離して宗教法人法からはずして「特殊法人」とすることによって宗教団体でないことにする。

(3)他の神社はすべて宗教団体なのだから、宗教団体でなくなった新靖国は当然「神社」ではないのだが、その「創建の由来にかんがみ」て、特に「神社」の名を踏襲する（第二条）。

(4)新靖国が宗教団体でないことの証拠として、「特定の教義をもち、信者の教化育成をする等宗教的活動をしてはならない」（第五条）と規定して、その非宗教性を打ち出す（神社神道はもともと祭祀の宗教だから、このような規定をしても実質的な被害はない。新靖国は従前通り神道祭祀を続けてよいわけである）。

(5)しかし、現実には神道祭祀の宗教性を無視するわけにはいかない。そこでこれをあからさまに法案にもりこむわけにいかぬので、「戦没者等についてその遺徳をしのび、これを慰めるための儀式行事」は「創建以来の伝統をかえりみつつ」行う（第二十二条）こととし、その実際は内閣総理大臣の任命する「靖国神社審議会」で決める（附則・第七条）と規定しておけば、法案成立後、支障なく神道祭祀を行うことができる。

(6)そうなれば特殊法人新靖国は実質的に他の宗教法人の神社と大差ないものとなる

ので、これを宗教団体と見なすか否かは国民個々の解釈にゆだねるほかはないこととなる。それでは「法案」そのものの意味がなくなるので、国民個々の「自由な解釈」を「靖国神社を宗教団体とする趣旨のものと解釈してはならない」（第二条）と、法でもって国家が拘束する。

一見して「法案」が矛盾と強弁にみちみちているのは、明治以来の国家神道の論理を民主憲法の下で粉飾しようとするところから来ているのです。

法案の違憲性

ところで「法案」が衆議院本会議を強行通過し、国会の会期終了とともに五度廃案となった直後、この法案に対する衆議院法制局の「見解」が発表されました。それは「法案」の成立によって予想される新靖国の性格についての法律的見解で、ひとことで言えば、新靖国は一切の宗教的要素を持ってはならないというものです。

その大略は、現在、宗教法人靖国神社の行っている「崇敬者を教化育成し」「神徳をひろめ」る等の宗教活動はもちろんのこと、戦没者の霊を神として祭ることもできぬ。祝詞は神々に言上するものだからダメ、降神・昇神・修祓《しゅばつ》の儀、玉串奉奠《たまぐしほうてん》も不可、御《お》神楽《かぐら》（神人共楽の意味をもつ）や、おみくじの頒布もいけないことになります。社殿・鳥居その他の物的施設や儀式の服装としての衣冠束帯《いかんそくたい》などは、それ自体として直ちに宗教的機能をもつとは言えないので残してもよいが、そこに勤める者はもちろん準公務員であって「神職」でないことになります。

この「見解」は、神社は習俗だから、これを国家施設にするためには、憲法の精神に照らして、習俗の周辺部分としてまとわりついている宗教的要素をすべて取り去らねばならぬという趣旨のようです。しかし私から言えば「習俗宗教」としての神社から「宗教的要素」を取り除けば、あとに残るものはもはや「習俗」ですらないことになるわけで、まことに奇妙な「見解」と言わねばなりませんが、ともあれ憲法の建前を崩さないで「法案」を認めようとすればこのようなことになるのでしょう。もし「見解」のとおりになるとしたら、靖国信仰によって集まってくる参拝者は、宗教（祭神・祭祀）不在の社殿の前でペテンにかけられることとなるわけです。これは国家による宗教干渉という新たな難問題を引きおこすことになりましょう。

こうしたことはもとより、神社としての本質を保ちつつ、これの国家護持を実現しようともくろんで「法案」を推進してきた人たちの堪えられることではありません。

改憲の主張

こうした「法案」のもつ曖昧《あいまい》性について、すでに推進者である神道側から、提案者である自民党に対して、強い不満と懸念が投げかけられていました。「もともとこの自民党の靖国神社法案についても、われわれは不満を感じていた。それは靖国神社の祭祀伝統の護持において、なお不徹底あいまいな、不安を感じさせる点がこの法案にあるからである。しかしこの法案作成者の自民党幹部は、絶対多数党たる与党の責任において、靖国神社創建以来の伝統は確保する、といってわれわれを説得してきた。当時の自民党は、少なくとも現在よりは保守党らしい体制がしっかりしていた。われわれはそれを一応信頼して、この法案の早期実現を期待した」（「神社新報」論説、昭和47・2・28）「見解」によって彼らの「懸念」が「現実」になったわけです。

しょせん現憲法の下では、まともな方法では「法案」推進者の「真の意図」は達せられないことはあきらかです。ここから必然的に次のようなおそるべき主張が登場してきます。

すなわち、神社本庁は「神道教化概説」の中で、教化の根本方針として「健全なる祖国の再建は正しき神道精神の昂揚を伴わずしては達成し得ない」ことを確信することを基本とし、その実践目標として、「人間至上科学万能的現代思潮を是正し、以て本来の神道的霊性の開発に務めること」「教育のあらゆる分野を通じて、わが国の精神的伝統を恢復《かいふく》するよう務めること」を掲げ、具体的には「憲法をはじめ占領下法制改正に関しその世論を喚起するとともに、神社界の主張を反映せしめることに務めること」を堂々と掲げています。そして同じ立場から「基本的には、靖国神社に英霊は厳として神鎮まるとする民族的信念と、靖国神社は、憲法でいう宗教とは別個の特別の神社であるとする国民多数の良識が健在な限り、法律といえども手続にすぎず、それによって魂が生れるか、なくなるかということ自体無意味に近いといえよう」(「日本遺族通信」47・3・15)と言うような驚くべき発言が出てくるのです。

これらを通観すれば、靖国法案を推進している人たちの核心的意図が、国家神道の復活、憲法改正による天皇制国家の復活にあることが歴然としております。彼らにとってはそれは「復活」ではなく、占領政策によって強いられてできた民主国家に対する「正当な」「復権」要求なのです。これが靖国法案の「真の意図」です。そしてそれは素朴で心情的な市井の靖国論議の場ではほとんど語られることのない「秘められた意図」でもあります。それは庶民の素朴な宗教心情とは直接つながることのない「政治の意図」だからです。

このようなおそるべき神道主義が堂々と主張されているにもかかわらず、テレビ・ラジオ・新聞・雑誌の一つとしてそのこと自体を深刻な問題としてまともに取りあげようとせず、一般に「公開されない意図」「触れてはならない意図」として扱われていることは奇怪至極のことと言わねばなりません。

宗教と政治の混血種である国家神道の性格がそのまま現実にむき出されているのが「靖国法案」です。したがってそれは真宗教徒としての私たちの信に迫る問題であると同時に、私たちの実践に迫る問題です。「靖国」は今私たちに「信のえらび」と同時に「国家のえらび」を迫っているのです。

「専修念仏の信」に立つか「習俗信仰（雑行雑修）に立つか」。「民主憲法を否定して天皇制国家を取るか、天皇制国家の復活を阻止して民主憲法を護るか」のえらびです。天皇制国家が靖国の民営に甘んずるはずはありませんし、民主国家で靖国神社の国家護持が許されるはずもありません。問題の焦点は、「靖国」の国家護持に賛成するか反対するかというような単純な争点にあるのではなく、真宗教徒であり日本国民である私たち自身の主体的な生き方と、国家の将来が問われているところにあるのです。

第四章　真宗と靖国

一　仏教の渡来と習俗化

1、仏教受容のしかた

私たちの宗教意識ひいては意識構造そのものを明らかにしようとして、古来の神社神道、ならびに明治以後の国家神道についてその性格の跡づけをしてきました。そしてそれは神道という一宗教の性格ではなく、それが習俗宗教であることから、それがそのまま民族自身の性格であることを知ったわけです。長い歴史の過程で新しい要素をつけ加え、多少の変貌をとげつつ、それはなお基本的には民族特異の性格を保持して明治に至り、以後八十年の国家神道の強制の下で大きく偏向し、それが一律的に固定化されたかたちで近代日本人の宗教意識、民族的性格を規制して、それが戦後民主制下の現代の私たちにまで及んでいることを確かめました。そのもっとも具体的なあらわれが靖国問題でした。「民族の業」とでも言わずにおれぬようなこの私たち自身の意識体質をしっかりと見すえないかぎり、真の意味での「個」の宗教的自覚も、人間としての独立もあり得ないわけです。

この「民族の業」を照らすものは、民族を超えた「普遍の光」でなければなりません。そして、日本民族は今までこの「普遍の光」に必ずしも無縁であったわけではありません。仏教、「仏の教え」こそがこの民族の窓を開くべき光であったはずです。しかし、その教えを信受する個々の「日本人の信」がどこまで「日本民族」を照らしたかというところに問題があるわけです。

仏教は当初から運命的ともいうべき不幸な状況の下でわが国に渡来しました。それは、布教、伝道をとおして民衆の間に個々の信者を獲得するという宗教としてのまともな仕方でわが国を訪れたのではなく、外国の支配権力からこの国の支配権力へ、しかも文化的な貢ぎ物として贈られるというかたちで入ってきたのです。この国の権力はすでに見てきたように、もっとも有力な「霊の宗教」の主宰者でした。

ここに、仏教はその渡来当初から、土着宗教による民俗化と、支配権力による政治的利用という二重の危険にさらされねばならなかったのです。仏教と日本との「不幸な出遇い」と言わねばなりません。

その最初の受容者にとっては、仏像が仏であり、それは民族固有の「国神」と本質的にちがいのない「蕃神《ばんしん》」であり、したがってそれをまつる寺は「氏神」をまつる神祠《しんし》と大差のない「氏寺」とされました。

経典は内容の理解よりも読誦が重視され、それのもつ舶来の呪力は祝詞を上回る効力を持つこととなり、仏事・法会は除災招福と滅罪のための祭祀となります。

やがて古代天皇制国家の成立によって国家の施設としての官寺が建てられ、その仏事は国家行事として官度僧が営み、国家の政治機能を補強する役割をになうこととなりました。金光明四天王護国の寺（東大寺・総国分寺）と、法華滅罪の寺（法華寺・総国分尼寺）、ならびに全国にわたる国分寺・国分尼寺の設置は仏教版祭政一致にほかなりません。

南都の旧仏教と一線を画して発足したはずの平安の仏教（比叡山延暦寺と高野山金剛峯寺）もまた現実的には国家権力＝霊の宗教と癒着し、王域を守る鎮護国家の役割を果したことでは、それ以前の仏教と本質的に異なるものではありません。

中央権力にならう在地豪族によって各地に私寺がつくられ、それらを通して仏教は上から下へ、中央から地方へと次第に共同体の内部に普及・浸透してゆきました。

2、本地垂迹と神仏一体

このようにして、日本人は普遍宗教としての仏教を習俗宗教の枠を通して受容し、仏教を習俗宗教と同質化することによって双方を仲よく併存させることとしました。しかし何といっても仏教は先進文化圏から渡来した舶来の宗教であり、在来の簡素な習俗宗教に比べて格段にすぐれた威儀を備えているため、その呪術的能力による除災招福の利益もまた格別なものがあるとされるようになります。そのうえ、たとえそのような受容のしかたではあっても、仏事・法会の盛行につれて仏教本来の教えに触れるとともに、仏と神とのちがいにも気づくようになり、ここに支配層の手によって両者の意識的融合が行われることとなります。

もともと霊＝神は超越的な絶対神ではなく、祭祀によって慰められ、なだめられるような神人相通の相対的な神ですから、本質的には人間と同じく惑い、悩む存在であり、そうであるかぎり、ついには仏によって済度されて成仏（永眠）すべき衆生の一類だと考えられます。永眠した霊は守護霊となるという発想とむすびついて、やがて在来の神々が仏教の天部系諸神と同一視され、仏教を護る善神となり、さらにすすんでこの国の衆生を化益しようがために仏・菩薩が仮に姿をあらわした化現（権現）であるとされます。そして平安初期以後は、一々の神にそれぞれ特定の本地仏を配当するようになって、ここに本地垂迹説が整備され、「神仏一体」の観念が成立します。このことは一面において共同体の守護霊であった神が、その基本的性格を保ちながら、その幅と深さをいちじるしく拡大したことになります（それはそのまま日本人の意識の拡大を意味します）。これは明らかに仏教の影響による習俗意識の豊潤化と言えましょう。

ところで他の一面において、このことは仏教が習俗宗教を手がかりとして、日本人の中に浸透する突破口を持つことになります。しかし、それが真に突破口となるためには、それを通路として侵入した仏教が、ついには習俗宗教を蒸発させ、日本人の意識の共同体的閉鎖性を打ち破って普遍の世界へ解放するということにならねばなりません。言いかえれば、そのことは日本人自身、自己の内なる民族の意識構造＝習俗宗教の確認、仏教の光によって自己の内なる民族の業を凝視して、それを突きぬけるということを意味します。こうした意味からすれば、本地垂迹をこのような突破口として位置づけることは到底できません。それは神の内容をゆたかにし、日本人の意識の枠を拡げることには力があったことはたしかですが、神そのものを昇華させ、意識の枠そのものを破る突破口とはならなかったこともたしかです。本地垂迹によって仏教は日本人の中にそれなりに根を下ろすことはできたが、大筋から見て結果的には「神仏一体」の理由から仏の方が神と同質化されたと言わねばなりません。

仏教は本来、自覚の宗教であり、正しい真理にめざめ、苦悩を解脱してみずから覚者（仏）と成る（成仏）ことを期するわけですが、本地垂迹によって仏が神と同質化されたことから、「ほとけになる」ことは「霊（神）になる」こととなり、したがって成仏は死後のこととなってしまいました。このことによって、成仏を目的とする仏教のすべてが死後への期待に集中することとなって、生者の自覚による現実認識と、それにもとづく正しい生活実践という仏教本来の目的をいちじるしく希薄化してしまいました。

すでに、宗教としての仏教の異質性に感づいていた支配権力は、仏教と民衆とが直接むすびつくことを警戒し、奈良朝以来、私度僧の活躍をきびしく取り締まってきたという事情があるのですが、本地垂迹説の成立は、彼らにとって民衆教化の強力な論拠となりました。そして、下からの民衆仏教の萠芽はいちはやくつみとられて上からの国家仏教（習俗信仰）に巻きこまれてゆき、結局、仏教そのものが民族の業を照らす光とはならず、かえってそれに奉仕することとなりました。

これが親鸞聖人出現までの日本仏教（民族と仏教）の実態であったと言えましょう。そしてそれはまた聖人以後、現在にいたっても変わることのない日本仏教、ひいてはおおかたの日本人の宗教意識の一貫した基調でもあります。

二　念仏の信と民族の業

1、業のうなずき

人間の迷妄の深さを徹底して明かすところの仏教をすら、すっぽりと自己の中に呑みこんでしまうような民族の迷い、私たちの骨の髄にまで泌みこみ、私自身の宗教的自覚さえ規制し、現に靖国問題となって現代の政治を動かすほどの民族の業障、この原始以来の迷いの深さを身をもって確かめ、その確かめによって業の呪縛《じゅばく》から脱して普遍の光を仰がれた、ただ一人の日本人、それが親鸞聖人でした。

聖人の生涯を通してうかがわれる特徴的なことは、吉水での回心やその後の信の深まりが、決してたんなる観念や思弁の行きづまりによって促されたのではなく、具体的な事実（事件）をくぐりぬけることを通して、それを自己の事実として確かめるという形でなされていったということです。

在叡二十年の実践と思弁に疲れはてた聖人が、師法然上人から領受されたものは、人間の迷いが実践や思弁のあやまりによるのみではなく、あらゆる可能な実践や思弁の底にあってそれを成り立たせているもの、人間存在自体を規定してそれとともにある業障の深さによるものであること、全能力をあげての修道の努力さえもが、所詮は業障のままなる努力にすぎないこと、そのようなわが身の事実にうなずき、そこに落在し得ることは「ただ念仏」という弥陀のすくいのほかにはないということの、上人の生きた証言でありました。この法然上人の証言が聖人自身の上にうなずかれ、自己の証言となったのが「雑行《ぞうぎょう》を棄《す》てて本願に帰す」という表白でした。この聖人自身の内に見開かれた業障の深さは、そのまま「善き人にも悪しきにも、同じように生死出《い》ずべき道」に行きまどう「常没《じょうもつ》の凡愚」の存在を規定している業障の深さでもあります。だからこそ「ただ念仏のみぞ」「親鸞一人」の救いでありつつ、また万人の救いとしての「まこと」であったのです。

2、専修念仏のおしえ

しかし、「親鸞一人」の救いとしての念仏が、そのまま「万人」の救いを約束する「まこと」であると言われるのには、それだけの確証がなければなりません。その確証を聖人はインド・中国・日本という三国の七祖の上にさぐられたわけです。念仏は三国七祖の究極の救いであるからこそ、真に親鸞一人の救いとなったのであり、それゆえに普遍の「まこと」であるわけです。

しかし、そのような「まこと」は、とりわけてそれを三国七祖の念仏にさぐるまでもなく、もともと仏教自体が普遍の法であり、万人のすくいであったはずです。

ところが、その仏教がインド・中国においてひとたびは栄えながら、ついに人々の真の救いとはならず衰滅の道をたどっているのです。法は普遍の法でありながら、いずれもそれが民族の業に取り込まれ、事実は民族宗教に堕しおわって空洞化されてしまったのです。聖人が比叡山において遇われた「日本の仏教」の実態もまたその例外ではなかったのです。「日本の仏教」は、苦悩にあえぐ一人の仏教徒を普遍の世界に解放する力を持たなかったのです。その理由は仏教の中にではなく、民族の中に探られねばならぬものです。日本人の民族の業が仏教の前にうなずくことがなかったのです。

法然上人の教えが、真に聖人のすくいとなったのは、その教えのみが民族の業にひきずられて苦悩する人々の現実をおさえ、その民族の業に取り込まれた「日本の仏教」の現実をすべて雑行雑修と廃捨することによって、民族の行業を超えて万人の救いを保証する専修念仏であったからです。その教えによって、聖人は自己の業障の深みをたどり、それが自分一個の中にのみ根ざすものではなく、無始以来つくりつづけてきたのっぴきならぬ民族の業をわれとして生きている事実にうなずき、そのめざめによって同じく「民族」を超えて念仏に生きた「世界」の人々・三国の七祖に出遇われたのです。まことに三国の七祖は、みなそれぞれの民族の時代と歴史のただなかで、その時代の苦悩を自己の苦悩とし、その歴史の業を一身に担いながら、ひとしく念仏の一道に帰することによって、時代を超え、歴史を超えて「四海みな兄弟」の世界に生まれられたのです。普遍の法が民族の歴史と時代のただ中で、具体の法となったのが念仏でした。

ひとしく世界宗教・普遍宗教といっても、仏教とキリスト教はその宗教的性格において大きく異なっています。

キリスト教が世界の民族に対して上からのぞむ超越的性格を持っているのに対して、仏教は各民族の内部に入りこんで、それを内から照らしてゆくという内在的超越性が強いように思われます。それだけに仏教は民族に同化し、一歩あやまればいつでも民族宗教化する危険性を持っているとも言えます。

一方、日本民族は自己の民族性を客観的に確認するという機会をほとんど持つことがなく、固有の世界の中で生きつづけてきた特異な民族です。

こうした仏教と民族の双方の性格の重なりあったところに成立した日本仏教の中心である叡山に身を投じ、しかも生涯を通して一度も日本を離れることのなかった親鸞聖人が、「民族の業」ひいては「日本仏教の業」を内から見開く念仏の教「浄土真宗」こそが普遍の宗教、「仏教」そのものであることを開顕されたことは、まことに末代の不思議と申すほかはありません。

そして、まさにこのことによって、私たち真宗教徒は承元の法難以来、現在の靖国問題にいたる歴史の全期間を通じて、この国の習俗宗教や習俗化された日本仏教、ひいては習俗社会そのものと対決するとともに、それらのすべてをのっぴきならぬ自己自身の課題として担うこととなったのです。

3、法難の意味するもの

邪偽の実態

人それぞれの業障（不共業）の底にひそんで、それを規定している民族の業（共業）のあることを、「片州濁世《へんしゅうじょくせ》のともがら」としての日本人の現実の上に聖人が身をもって確かめられる契機となったのは承元の法難でした。『教行信証（化身土末巻）』において、聖人は多くの経・論・釈から引文して、仏教にあらざる外教として「鬼・神・魔」の俗信をあげておられます。それは禍福をえらばずにおれぬ人間の弱点につけこんで人を脅《おびや》かし、誑《たぶらか》し、惑わせ、それによって人をして怖れしめ、へつらわせ、祭祀に奔命《ほんめい》させて、ついに「生ける屍」と化してしまいます。それは仏道を歩み菩提を求めようとする心を障《さ》えるゆえに、聖人は「邪偽《じゃぎ》の異執《いしゅう》」と断じておられます。

ところで、経・論・釈から引かれたこれら「鬼・神・魔」は、もともとインド民族・中国民族の俗信であって、日本人のそれではありません。それにもかかわらず聖人がそれらの俗信にただならぬ関心を寄せられるのは、日本人の現実の上にその姿を見られたからです。では日本人の「鬼・神・魔」とは何か。それは「良時吉日《きちにち》えらばしめ　天神《てんじん》（あまつかみ）地祇《じぎ》（くにつかみ）をあがめつつ　卜占祭祀《ぼくせんさいし》（うら・まつり・はらえ）をつとめとす」るような、日本古来の「霊の信仰」と外来の俗信とをつきまぜた、当時の習俗宗教にほかなりません。

この霊の呪縛から人々を解放し、真の人間的自覚に立たしめるものが仏教であるはずです。ところが現実の仏教は、すでに本地垂迹説成立の経緯において明らかなように、完全に習俗宗教になり終わっていたのです。たとえ「教」についての少数の学解者はあったとしても「行証久しく廃《すた》れ」、全教界は「外儀《げぎ》は仏教のすがたにて」内実は除災招福のための祭祀の宗教でした。これはもはや仏教ではありません。仏教を称し、仏教と信ぜられているものが「外教邪義《げきようじやぎ》の異執《いしゆう》」であったのです。この痛ましい事実が一挙に歴史的事件として表面化したのが、吉水の専修念仏教団に対する承元の弾圧です。

承元の弾圧の直接の契機となった「興福寺奏状」は法然上人の浄土宗独立の失・九箇条を挙げていますが、その核心は「背霊神失」（第五）と「軽釈尊失」（第三）の二カ条です。それは端的に言えば「〝霊の信仰〟を無視するようなものは仏教ではない」という主張です。仏教界の代表である興福寺の学徒たちが、なぜそのように「霊の信仰」を擁護し、そのために吉水教団に対する政治的弾圧を要請するほどまでに熱心であったのか。当時の全仏教界が、その掲げる教えはともかくとして、その実態は「霊の信仰」そのままの呪術祭祀がすべてであったからです。そして広般な庶民を霊の呪縛から解放しようとする専修念仏教団が、この「教界」という僧侶共同体の存立を危うくするものであることを、彼らが一番よく知っていたからです。

法難の原因

教界がすでに仏教でなくなっているのですから、その信者であり大檀《だん》越《おつ》である世俗権力（主上臣下）もまた外儀は仏教徒でありながら、外教邪偽の異執の徒でありました。すなわち僧俗おしなべて霊の信仰者であったのです。

ところで、僧とは元来「比丘《びく》・比丘尼《びくに》」、俗とは「優婆塞《うばそく》・優婆夷《うばい》」を謂《い》うので、ともに仏教徒についての区分であることは聖人みずから注意しておられるとおりです（銘文）。しかるに現実の「和国の道（僧）・俗」は「みなともに」異執の徒と化し、僧↓俗一体となって吉水教団の弾圧に乗り出したことによって、専修念仏の教えこそが民俗を超えた普遍の宗教、真正の仏教であることを現実に証明することとなったのです。生ける仏教「浄土の真宗」が「証道今盛ん」なる何よりの証拠です。「非僧非俗」とは、このような僧俗おしなべて外道化（民俗化）した教界から村八分にされた事実を言い、「愚禿」とはそのことによって光栄にも「西蕃《さいばん》・月氏《がっし》」を通ずる真の仏教徒＝念仏者であることをみずから確かめることのできた深い感激から発する聖人の述懐であるとともに、またこの弾圧を通して、念仏の信を障《さ》えるものが個人の業障をおしつつむ、道俗おしなべての民族の業にあることを確認された得心の表明でもあります。

そしてこの時点において、聖人はようやくかつての日の吉水入室、法然上人との出遇いによる回心《えしん》と、選択付属《せんじゃくふぞく》のもつ歴史的意義の重大さに思い当たられたのではないでしょうか。そして弾圧の真の理由をはっきりと把握されたのです。『専修念仏の教えこそが民族の業をもつきぬけるところの普遍の宗教であるという、まさにそのことが法難の真の理由であったのか。「雑行《ぞうぎょう》を棄《す》てて本願に帰」したあの時において、すでに今日の弾圧は当然予想されねばならぬ歴史的必然であったのだ』、教行信証後序の記述が歴史的順序を逆にして承元の法難のあとに吉水入室を記すのは、こうした聖人の心理の過程を示すものです。

日本的権力の構造

僧俗なべての仏教徒の信が、じつは真正の仏教をくらます邪偽の異執にほかならぬことを見破られた聖人の目は、いきおいそれとともにある日本的権力の構造に注がれることとなります。支配権力層である「主上臣下」は、なぜ本願の宗教を弾圧するのか。そして専修念仏の人たちを釈尊の教えを軽んずる邪教の徒として「猥《みだ》りがわしく死罪に坐《つみ》」して抹殺し、あるいは「諸方の辺州」に流罪して都からはじき出すという苛酷な処置をとるのか。彼らが仏教徒を称しながら「教に昏《くら》く」「行に迷《まど》う」がゆえに「法に背《そむ》き義に違《い》」することはあきらかだが、そのことがなぜこのような暴挙をあえてするほどの「忿《いかり》を成し怨《うらみ》を結ぶ」ことになるのか。法の惑いがどうしてただちに権力の発動に結びつくのか。聖人のこうした疑念が釈然として解明されるには、聖人自身さらに多くの事実（事件）を通しての確かめが必要であったようです。その「事実による確かめ」とは弾圧以後の五年間にわたる越後配流、二十年間の関東行化、それにつづく善鸞事件、関東在地権力による門弟教団の受難などを通して、聖人が身をもって把握されることとなるのですが、今ここでその一々について詳述する余裕はありません。

　吉水入室が聖人の「回心」を決定したとするなら、越後配流はその「生活の転回」を画するものでした。聖人の生活の基盤が、権力に支えられた貴族的・都市的消費社会から権力に収奪される農村的生産社会へと一転したのです。聖人にとっては、それはまたそこに生きる無数の「辺鄙《へんぴ》の群類」との出遇いでもありました。「主上臣下」や、それとともなる「興福寺の学徒」たちの権力の座からみれば、これらの人たちはとるにたらぬ「石・瓦・礫《つぶて》のごとくなる」存在であり、苛酷な自然的災厄と権力の収奪による慢性的「けかち（飢渇）」のため餓死すれすれのところを必死になって生きねばならぬ人たちでした。それゆえに、また「文字のこころも知らず、あさましき愚痴きわまりなき」「いなかの人々」でもありました。これらの人々とともに生きることによって、聖人はその丸裸の人間そのものの苦悶の中に「生死出ずべき」いのちの叫びを聞かれたのです。彼らとひとしく何の権力も財力もない聖人にとって、ただひとつのなし得ること、しかもそのような極限状況にあって即刻なされねばならぬただひとつのことは、「能《よ》く衆生一切の志願を満てたまう」念仏をすすめ、「長生不死の神方」たる「大信心」に在住せしめ、石・瓦・礫のような我れ人ともに「よくこがねとなさしめ」たもう摂取の光益に興起するよろこびを分かちあうことのほかにはありません。

こうした聖人の懸命のすすめにもかかわらず、目前の痛苦にうちのめされた「いなかの人々」は、ともすればつかの間の安慰を求めて土着の「霊の信仰」に走り、みずから人格のぬけがら「生ける屍」になろうとするのでした。ここでも霊の祟りと加護を説いて人々を惑わす者は呪術・祈禱を事とする在地司祭者たちであり、他方これらと手を組む領家・地頭・名主などの在地小権力者たちはまたもや聖人の教化に集う念仏の教団に迫害の手をのばすのでした。

「念仏者に対する迫害は何も今にはじまった事新しい事件ではない。かつての承元の法難において故法然上人のときすでに親しく経験ずみのことである」「在地の領家・地頭・名主などが念仏を止めようとするのは、その理由があるのです」

この聖人の言葉には千鈞《せんきん》の重みがあります。それは興福寺の学徒から在地司祭者にまで及ぶ民族固有の霊の宗教の本質と、それと一体となって民衆の怨恨をなだめ、眠らせることによって現実の政治支配をつらぬこうとする日本的権力構造の核心とをあやまたず見すえることのできた聖人の確認の声です。

「靖国」の根源がいかに遠くかつ深いか、七百年もの昔にその民族の業の本質を的確に見破られた聖人の念仏の信がいかに透徹《とうてつ》したものであったか、ただただ驚嘆のほかはありません。

4、「内なる民族」のたしかめ

内なる民族

教界や権力の上に民族の業を見ぬかれた聖人の目は、同時に聖人自身の上にも注がれることになります。日本人の一人であるかぎり、聖人といえどもまた「民族の子」だからです。

吉水での回心から十三年の後、越後から常陸への途次、上野国左貫《さぬき》で聖人は突如として「衆生利益《すぞうりやく》のために」「げにげにしく三部経を千部読」もうと発願されます。すでにひと昔も前に「雑行を棄てて本願に帰」された聖人に似合わしからぬ唐突な行為であり、それこそ助正兼行の雑修のそしりを受けねばなりません。

しかし、古い貴族社会の中に生育し、「比叡の山に堂僧」として多年、経典読誦に明け暮れた聖人が、冥罰《みょうばつ》・祟りとしての飢餓にあえぐ農民の惨状に直面して矢も楯もたまらず、卒然として「民族の子」となり、経典読誦の功徳に思いいたられたとしても、決して怪しむべきことではありません。まして吉水での回心がにせものであったことにもなりません。

この「唐突な行為」についてもっとも驚かれたのが当の聖人自身でした。「これは何事《なにごと》ぞ」「身ずから信じ、人をおしえて信ぜしむる事、まことの仏恩《おん》を報いたてまつるものと信じながら、名号の他には、何事の不足にて、必ず経を読まんとするやと、思いかえして」四、五日ばかりで中止されたのです。このことこそ吉水での回心がなくてはかなうことではありません。そしてこのことは念仏の信の本質にかかわる重要な問題をはらんでいます。

それは、「除災招福」という日常的要求の中に生きずにはおれぬのが人間の現実であり、特に私たちの場合はそれを願う「罪福信」が個人の意識を超えて、共同体の内部における民族の業によって、知らず知らずのうちに正当な宗教心として定着していることです。したがって、念仏の信によってその「罪福信」であることが個人の上に明らかにされた後においてもなお民族の業として生きつづけ、ひとたび開けた念仏の信そのものを、いつでも罪福信に転落せしめ、民族共同体内の閉鎖的信心と化せしめ、現実を照射する力を失わしめ、その中に眠りこませる危険性を持つわけです。報土得生を「信じ得た」はずの念仏の信が、いつでも無意識のうちに「辺地懈慢《へんじけまん》」「疑城胎《ぎじょうたい》宮《ぐう》」にとどまる自力の信にずり落ちようとするのです。「年歳劫数《こうじゅ》を経」てこの「七宝の牢獄」の中に長く私たちをつなごうとするものは、これを私たちの歴史的現実に即して言えば、まさしく原始以来の民族の業にほかなりません。そのことを生涯にわたる出来事を通して自己の身の事実としてたしかめ、その事実を照らす念仏の信にいよいよ深く帰せられたのが聖人でした。

このことは、念仏の信は、それを「信じながら」しかも意識せずして抽象化せずにはおれぬ私たちの業障を照らして自己の現実に引きもどさずにはおかぬし、また自己の業障の深さにさめていよいよ深く念仏の信に帰することのできるのは、ただ現実を誠実に生きる者のみに許されるという事情を示すものです。

こうした現実と信心との緊張関係の持続が、聖人の生涯を通じての基調です。獲信《ぎやくしん》がそのまま終わりなき求道的性格を持つところに浄土真宗の特徴があるのです。左貫における三部経読誦からさらに十七年（回心より数えて三十年、聖人五十九歳）、一夜、聖人は夢の中で一心に大無量寿経を読誦している自分を見い出されます。「さて、これこそ心得ぬ事なれ。念仏の信心より外には、何事か心にかかるべきと思いて、よくよく案じてみれば」、十七年前の左貫における三部経読誦のことが思いあたるのです。「あのとき自己の内なる民族の業に気づいて、それと手を切ったはずであったのに、その執心がなおも身深くひそんでいて今また経を読むのであったか」「人の執心、自力の心は、よくよく思慮あるべし」と思いなして夢さめた聖人の「ああ、そうであったか」といううなずきに、ため息にも似た深いひびきが感ぜられます。それは二十年近くも共に生きてきた関東の農民の宿業を、あらためて自分の内奥に見究められた聖人の嘆声であり、またそのような自分をあくまで照らしてやまぬ念仏のたしかさの確認のつぶやきでもありましょう。

世界のひらけ

習俗宗教としての「霊の信仰」や、それと密着した「日本的権力」を研究対象として、これに社会科学の光を当て、その性格・構造を分析し、解明してゆこうとする作業が近年とりわけ盛んになったように思われます。「我が身しらず」の私たち日本人が自己を知るために、こうした科学的作業を通して民族の実態を客観的に究明していくことは、きわめて重要な意義を持っています。しかしそのようにして明らかにされた民族の特性についての知識が、私たち一人一人の日本人の意識や行動についての実践的自覚に必ずしもつながるものではありません。

民族は私の前にあるわけでなく、私自身が「民族の子」であり、「民族そのもの」であるからです。それは科学的認識でもって処理できるものではなく、認識の対象とされるものが、認識主体の中に食い込んでいるのです。外の事実がそのまま自己の内なる事実であることに目覚めた言葉を「業」と言うのでしょう。めざめるとは、のっぴきならぬ歴史的実存としての身の事実にうなずくことにおいて全面的にその事実を引きうけることであります。そのとき、のっぴきならぬ事実が、その事実にめざめるためのかけがえのない基底となるのです。したがって「民族の業」は親鸞聖人によってはじめて日本人の民族的自覚の内容として見開かれ、主体化されたのです。「民族の業」の自覚はそのまま民族を超えた「世界的視野」の開明であり、それはやがて全人類・一切衆生の業障を「親鸞一人」のうちに見い出さしめずにはおかぬ広大の智慧・念仏の信を日本人の上に開いたのです。ここに浄土真宗は親鸞聖人という一日本人の血肉を通してまぎれもない「日本の仏教」でありつつ、「印度・西天の論家、中夏、日域の高僧」によって証《あかし》されたとおりの人類普遍の真実教であることを実証したのです。それはまたわが国最初の「世界宗教」の開顕とも言えましょう。

5、現実へのかかわり ——念仏の実践——

謝念と告発

念仏の信によって「外なる事実」が「内なる業障」として自覚されるとき、ここにさらに重要な問題が提起されてきます。それは、「内なる業障」にめざめた念仏の行者はその念仏生活の歩みの中で、現実の「外なる事実」に対してどのようにかかわり、どのように身を処してゆくかという問題です。

一般的に言って東洋の宗教は現実世界の一切の対立矛盾を絶対的な大肯定の立場に立ってこれを包摂し、一々の事象に積極的意味を認めていくという傾向性をもっていると言われます。大乗仏教もこうした一面が強く、「生死即涅槃」「煩悩即菩提」と言い、あるいは「色即是空」「事々無礙《じじむげ》」を言います。このことは具体的な信の内容として現実世界の一切の事象が「無駄なものは何ひとつ無い」として一大調和の中に積極的に意味づけられ、信仰者の自在無碍の生活実践を保証することを意味します。これはまことにすばらしい宗教世界ではありますが、またすでにマックス・ウェーバーの指摘するように現実に対する無批判と社会的実践を軽視するという危険性をはらんでいることもたしかです。このことはとめどもない人間悪・社会悪が正法をおおい、人類の滅亡と世界の破滅をすら招きかねないような現代において、私たち仏教徒、とくに真宗教徒の直面している深刻な課題です。こうした現代の課題についても私たちは聖人の生涯の歩みを通して鋭い実践的な示唆を与えられているのです。

「伝絵」によれば、承元の大弾圧に対して聖人は「もしわれ配所におもむかずは、何によりてか辺鄙《へんぴ》の群類を化せん、これ猶《なお》師教の恩致なり」とかぎりない謝念をもってこれを追懐しておられる一面があるようです。また晩年、東国の在地権力者たちによる念仏停止事件の起きたときには「それにつけても、念仏をふかくたのみて、世のいのりにこころいれて、もうしあわせたまうべし」と門弟に指示し、さらに善鸞の異義事件に際しては、そのようなことで「ひとびとの日ごろの信のたじろきおうておわしましそうろうも、詮ずるところは、ひとびとの信心のまことならぬことのあらわれてそうろう。よきことにてそうろう」とさえ申し送っておられます。

これらのことからうかがわれることは、聖人が現実の問題に対してつねにこれを自己の主体的自覚の問題として受容し、そのことの中から積極的な意義をくみあげていかれたということです。しかしこうした一面のみを見て他の一面にあらわれた聖人のきびしい姿勢を見のがしてはなりません。

すなわち、承元の法難に対してはすでに述べたように激しい怒りをもって国家権力と、それとともなる既成教界を告発し、東国の念仏停止事件に際してはその政治的解決のために奔走した性信坊を心をこめて勇気づけ、念仏の同朋は「みなおなじこころ」で「性信坊のかたうど」となって協力すべきであると呼びかけておられます。さらに善鸞事件に当たっては「自今已後は、慈信におきては、子の儀おもいきりてそうろうなり」ときびしく義絶の措置に出ておられます。

すなわち、聖人はこれらの事件をそれによって念仏の信がためされ、深められる貴重な契機として積極的に領受される反面、事件そのものの違法性・不当性は「背法違義」の暴挙であり、「ひがごと」であるとしてその本質を的確に言いあてるとともに、それに対する念仏者の具体的実践にまで言及しておられるのです。

現実の事件をすべて「如来のおんはからい」として受けとることによって、事実そのものをもそっくり黙認し、現実と遊離した主観的心境の中で信をよろこぶというような「腰ぬけ信心」ではありませんでした。

現実に対するこのような実践的なかかわりをつねに保持するような信仰の姿勢を

「求道」と呼ぶなら、聖人はまさしく生涯の求道者でありました。もちろん聖人は念仏の信にめざめ、それに生きた「得道の人」です。「得道の人」でありつつ限りなき「求道の人」であったところに、現代に生きる私たち真宗教徒の道が示されているのです。

信頼といのり

さらに聖人について私たちが深く学ばねばならない重要な問題がありま す。それは聖人が「違法の事実」をきびしく告発、摘発されたにもかかわらず、その事実を動かしている個々の「人」を指弾し糾弾されることがなかったということです。承元の弾圧に与《くみ》するような「和国の道俗」の姿を「かなしみなげき」つつ、その同じ「末代の道俗」が「疑謗を縁と」してついには念仏を「仰いで信敬すべき」ことを念じ、念仏を妨げる関東の領家・地頭・名主たちをも「あわれみをなし、不便におもうて」その「ひとびとをいのり、弥陀の御ちかいにいれとおぼしめし」あうようにと門弟たちをさとしておられます。

念仏の信によって民族の業の深さにさめた聖人であってみれば、それらの人々は決して相容れぬ敵ではなく、業障の根をひとしくする「民族の子」であり、「垢障《くしょう》の凡愚」であり、それゆえにこそ同じく「本願の嘉号」、念仏によって救われずにはおれぬ「如来の子」でもあったのです。これらの人々に対する聖人の姿勢は究極において人々の上にかけられている如来の「本願への信順」と、それにもとづくかぎりない「人間への信頼」から発するものと言わねばなりません。

この聖人の信頼といのりは、個々の人々を超えてさらに共同体そのものにまでおよんでゆきます。聖人にとっての現実の国家は、その壮年期にあっては吉水の念仏教団を弾圧する貴族権力であり、その老年期にあっては関東の念仏の同朋を迫害する武家権力にほかなりませんでした。その権力の行使に対しては「背法違義」と断じ、「ひがごと」と指摘して憤りをかくされなかった聖人ですが、そのような悪しき「朝家」であり、矛盾にみちた「世のなか」であればあるほどいよいよ如来の本願を信頼して、やがては人々が念仏にいそしみあえるような安穏な世のなかを深く念じて、願わくば「仏法ひろまれ」かしと「朝家のおんため国民のために」いのりをこめて「念仏をもうしあわせたまえ」へと心をこめて呼びかけておられます。念仏に統理された共同体、僧伽形成のふかいいのりが、現実の国家の上に捧げられているのです。

靖国への示唆

靖国問題を直接のきっかけとして、まずそれの根底にある習俗宗教としての神社神道から始めてずいぶんいろんな主題に言及してきました。「国家神道と日本的権力構造」、「民族の意識構造と仏教」、「宗教的覚醒と民族の業」、「念仏の信と親鸞聖人の歩み」等々、どれひとつとして貧弱な私の知識や理解のゆきとどくような底の浅い問題ではありません。それにもかかわらずこのような大それた試論に私をかりたてたものは、ひとえに聖人の導きによって私自身の「内なる靖国」に直面し、そのことによって現代の日本国に生きる真宗教徒であり、日本人としての私の信があらためて問われることになったからです。そこに立って聖人の教えに聞き、そこから聖人の信の歩みをたどるとき、経・論・釈の中の伝統的用語をもって語られる聖人の一々の言葉が、すべて聖人の身をおかれた具体的な事実を通して発せられていることに気づいたのです。そしてその聖人の当面された事実が、今私たちが当面している「靖国」の事実にほかならぬことが知られてきました。「靖国問題」が、私自身の、また日本人全体の身とこころの集約的具現であったのです。そしてこうした靖国の本質が、聖人の導きによってはじめて明らかにされたというだけでなく、靖国法案というかたちをとって動きだしている現代日本の情況下で真宗教徒のとらねばならぬ姿勢や、具体的な実践の方向、さらに「あるべき国家」への指向や運動の方法までもが、ことごとく聖人によって示唆されていることに驚嘆せずにはおれません。このことによって、念仏の信が「三世の重障」からの私たち個々の解放のみならず民族の解放であり、人類の救いであることを具体に即していよいよ深くうなずくことができるのです。「靖国の恩恵」と言わずにおれぬゆえんです。だからこそ徹底してこのことの本質を私たちの生活上で明らかにしていくことが現代に生きる真宗教徒の責任と言えましょう。

三　群萌のすくい　――民衆の宗教――

1、解放と独立

人々のめざめ　聖人によって開顕されたこの専修念仏の教えが、その後のわが国の歴史の中で「庶民の宗教」としてひろく名もなき群萌・民衆の間に浸透していったのは、教えそのものの普遍的性格によるものと言えましょう。

それは「真実の教」として老少善悪をえらばず、男女貴賤を問わず、すべての人を苦悩から解放し、繋縛《けばく》から独立せしめる「人類の宗教」ですが、とりわけその教えによって現実に生きるエネルギーを回復していったのは、権力と霊神の呪縛にがんじがらめにされ、八方ふさがりの生活の苦悩にうめいていた底辺の民衆でした。

善根功徳を修することもかなわず、「聖教の教えを見ず知らず」、生きんがために「うみかわに、あみをひき、つりをして、世をわた」り、「野やまに、ししをかり、とりをとりて、いのちをつ」なぎ、「あきないをもし、田畠をつくりて」日毎を過ぐるほかなく、そのためこころにもない悪業をも重ね、のがれようのない冥罰《みょうばつ》におびえ、地獄の不安におののき、身の不運をかなしみあきらめながら、得体のしれぬ習俗信仰に迷いこむほかはないのが人々の生きざまでした。

そうした人々にとって、そのような罪業ふかきものこそが本願の正機であり、そのことに感銘して「念仏もうさんとおもいたつこころのおこるとき、すなわち摂取不捨の利益にあずけしめ」られて「正定聚《しょうじょうじゅ》のくらいに住」し、「仏とひとしく」、釈迦如来より「わがしたしき友」よと許される身となるのだ、その人を「上々人」、「最勝人」、「希有《けう》人」というのだという聖人の教えは、魂をゆるがすほどの感動であったにちがいありません。

しかも彼らは目のあたり「ただ念仏して、弥陀にたすけられまいらすべし」という聖人の信順の姿に接し「念仏して地獄におちたりとも、さらに後悔すべからず」という、たのもしい確信の声を聞いたのです。もはや「来迎・臨終を期」する要さえなく、今まで人々をおびやかしていた「魔界《まかい》・外道《げどう》」も念仏の人を「障碍《しょうげ》することな」く、

「天神《てんじん》・地祇《じぎ》」さえも「敬伏《きょうぶく》」する「無碍の一道」が開かれたのです。ここに、地位や身分や性の相違にかかわりなく財力や権力はおろか鬼神の呪力をもってしても侵すことのできない、人間の本質的な尊厳性の自覚が、民族の歴史の上にはじめて開かれたのです。

生活の開け

こうした自覚がそのまま生活規範となることによって、現実に人々の生活の上に変革が始まったのです。念仏の行者は「余道に事《つか》うることを得ざれ、天を拝することを得ざれ、鬼神《きじん》を祠《まつ》ることを得ざれ、吉良日《きちりようにち》を視《み》ることを得ざれ」という教誡《きようかい》は閉塞《へいそく》された民衆の生活に大きな窓をあけたと言えましょう。

権力をたのまず、余神をあがめず、死の穢れを忌《い》まず、吉凶禍福に惑わず、吉日良辰をえらばず、たのむべきは弥陀一仏、よるべきは念仏一行という力強い生き方が、その後、長く真宗教徒の生活の伝統となっていきました。それは父子相伝えて江戸末期にまで及び、名もなき庶民の、その一家の主人はもとより、婦女子から使用人にいたるまで徹底した生活態度となって定着し、儒学者太宰春台をして「これ親鸞氏の教の力なり」と感嘆せしめるほどのものがあったのです。

こうした真宗教徒の生き方は、必然に周囲の習俗社会からは「一向宗」として異端視され、あるいは「門徒ものしらず」「いやしき宗」「をかしく・きたなき宗」「いまはしき宗」として白眼視されるとともに、民衆をして「知らしむべからず、依らしむべし」とする体制の側からは常に危険な宗教として抑圧・迫害をうけてきました。

近代以前の西欧社会の一般民衆がまだ深い迷信・俗信の谷間に沈んでいたころ、ルッターの宗教改革から三百年も以前に、親鸞聖人によって人間尊重、個人の独立解放の途が開かれ、しかもそれが多数の民衆の生活意識を変革せしめたということは、世界史上の希有なる事実として特記すべきことです。

2、念仏の信と基本的人権

人権思想とその受容　聖人のすすめによる念仏の信は、その存立の基盤を異にするとはいえ、一個の人間の尊厳性が法律や国家という世俗の権力以上のものであることを、民衆に確信せしめたという点では、近代以後の西欧の基本的人権の思想に通うものがあると言えましょう。

ここに「念仏の信と基本的人権」「浄土真宗と日本国憲法」のかかわりが現代に生きる私たち真宗教徒にとって、ぜひとも明確にしなければならない重大な課題となってくるのです。

さきに「靖国法案」が憲法改正につながる問題であり、したがって「法案」に対してどのようにかかわるか（積極的にかかわらないということも一つのかかわり方である）ということが、私たち一人一人の「国家のえらび」になるのだと申しました。それは現在ならびに将来にわたって、神権的天皇制国家に帰すか、民主制国家を確立するかという選択と決断の問題だということでした。

さらに、日本国憲法が施行されてから四半世紀を経た現在、民主主義は制度的には確立し、個人の自由権も法的には大幅に保証されていますが、それを支える国民の意識構造、民族の思考様式そのものは根本的に変わっていないのではないかという疑問についてもすでに触れておきました。

私たち日本人の間に、人間としての個人の尊厳性の自覚、憲法のいわゆる基本的人権思想が血肉化されていないというところに問題があるわけです。

ところで基本的人権の思想はもともと西欧民族がその社会的、歴史的状況の中で、みずから体得し、自覚し、確立してきた「生活の知恵」とも言うべき実際的な思想であり、彼らの「生きる確信」とでも言うべきものです。

民族間の相克《そうこく》、異民族による権力支配、それと複雑にからみあった王権と教権との複合支配、民族国家の成立とむすびついた絶対王制による抑圧。こうした歴史的・社会的情況の中にあって、王にも、教会にも、国家にも、その国家の法律にも徹底して不信の念を投げかけた人々が、これらの一切を個人の束縛として排除し、国家といえども法律といえどもただ個人を護るための手段としてのみ存するのだとして、個人の価値をすべてに先行するものとして定立したのが西欧近代の基本的人権の思想です。そしてこの個人の絶対性、尊厳性の根拠となったのがキリスト教の信仰と、ローマ以来の自然権の思想であるとされています。前者によれば、人はみな創造主たる神(ゴッド)によってひとしくつくられたものだから、人が人を支配することは許されぬことであり、後者では、人は国家成立に先立って自然として生存する権利をもつとされ、両者あいまって共に個人の本来的な尊厳性を支える基盤となっているのです。

こうした神（ゴッド）とか自然とかいうような絶対的な理念に立つことによって、現実の国家権力を相対化してしまうほどの強烈な個人尊重の人権思想に見合うようなものを、私たち日本民族の思想の歴史の中に見い出すことはできません。私たちの思想の伝統には絶対的理念そのものが無かったと言ってもよいようです。したがって明治になってはじめて人権思想の洗礼をうけた先人たちがこれを正確に理解し把握するには非常な苦心を要しました。彼らはこれを、「天賦人権」ととらえることによって日本化しました。神（ゴッド）のかわりに、儒教的教養として彼らの身につけていた「天」の理念を媒介とすることによって基本的人権の思想を受容したのです。すなわち「人の上に人をつくらず、人の下に人をつくらぬ」天意が具体的には民意となってあらわれるのだから、国家や政府といえども人民の意志を尊重しなければならぬというのが基本的人権についての彼らの理解であったのです。

しかし、明治政府による中央集権的絶対制国家体制の樹立と、現人神たる天皇をもって国家主権とする国家神道の圧力によって、こうした啓蒙的な人権思想は国民の中に定着するいとまもなくて挫折し、「天」の理念そのものもその他の儒教的徳目とともに、国家主義的な倫理概念として、利用されることによってその本来的意味を失ってしまいました。

人権思想不毛の現況

敗戦後、新しい国家の性格を決定する日本国憲法が制定され、その中核的な理念として「基本的人権」が再登場してきたとき、明治の先人たちをして主体的にそれとかかわらせたあの「天」の理念さえ、私たち日本人は失っていたのです。八十年間に及んで国家神道という擬似宗教の徹底した支配を許した結果、私たちは「天」にかぎらず、あらゆる超越的な理念、それに触れることによってはじめて個人の尊厳性が自覚されてくるような究極的価値を感覚する精神の土壌が荒廃してしまっていたのです。そのうえ「基本的人権」は、もともと西欧の歴史社会の内側から成立した外来の思想です。はたして、私たち日本人がただちにそれを自己の思想として、主体的に生きることができるかという懸念があるわけです。

もしすべての人々に通ずる究極的価値に無感覚な、閉ざされた自我に立って基本的人権をあげつらうなら、それは個人のエゴを正当化し絶対化することとなりましょう。もしまた明治以来の国家絶対・民族至上の意識体質のままで、これを取り込むとしたら、基本的人権そのものが名目化され、実際は個人の自覚が欠落したままの閉鎖的な集団民主主義に終わるでしょう。こうした個と民族の事実を自己自身の現実存として引きうける主体的な取り組みのないかぎり、それははねあがった観念論となって、現実とのせめぎあいの中で、不毛の混乱と悲劇をくり返すほかはないでしょう。

不幸なことにこれらのすべてが、私たち現代日本人の多数の精神状況ではないかと思われてなりません。私たち一人一人にとって、個人エゴや集団エゴのほかに、ぜひとも護りぬかねばならぬほどの大切な主体的な自己があるのかどうか。

「靖国の国営化は、国家神道や天皇制国家の復活につながる危険性がある。それは真宗教徒の信の本質にかかわる問題でもある」と指摘するだけで教団の内側から、有形無形の圧力を受けねばならぬという宗教界の情況が進行しており、それに応ずるかたちで教団の外では自主憲法制定の名において公然と憲法改正が叫ばれだしているという現実にありながら、「そのような心配はない。民主憲法があるではないか」というのが大方の受けとめかたのようです。これこそが憲法改正論を勇気づける強力な地盤となっているのです。みずから自己の存立を護ろうとするとき、はじめて憲法は強力な城塞《じょうさい》となってその人を護るのであって、護るべきものを持たぬものにとってはそれは紙上の文言にすぎません。

もっとも、靖国の国営化が、基本的人権の中核ともいうべき「信教の自由」を侵すものである、という認識から改憲反対の声があがっています。しかしその反対が真に力のあるものであるか否かは、その人たち自身にぜひとも守りぬかねばならない信があるのかどうか、「信仰の自由」が自己の存立にかかわる切実な主体的要求であるのかどうか、という点にかかっているのです。信なくして自己の主体性の確立、真の自他の独立と解放はあり得ないというところにのみ、靖国反対の実践的エネルギーの源泉があるのです。

これを要約すれば、自覚道としての仏教をすら民族体質の中で習俗化してしまったほどの日本民族の意識伝統に加えて、明治以後のはなはだしい宗教意識の混迷の中に生育した私たちにとって、強烈な個人意識に支えられた西欧の基本的人権思想が、ただちに私たち自身を内から支える主体的な力となるかどうかという点に、きわめて困難な問題が横たわっているように感ぜられてなりません。

念仏と人権

このような一般的情況の中にあって、私たち真宗教徒が、一個の念仏者として真に現代を生きようとするとき、そこにおいてのみ「国家のえらび」「憲法のえらび」が「念仏の実践」の意味を持ってくるのです。

私たちが靖国の国家護持に反対するのは、それが日本国憲法の「信教自由」の建前に反するからというような概念的理由によるのではなく、その「信教」とは私たち一人一人の「念仏の信」にほかならず、それなくしては私たち自身の存立がむなしくなるという主体の問題であるからです。そして靖国はそのような個人の主体の確立を政治の力によって抑圧しようとする承元の法難の現代版にほかならぬからです。私たちは「真宗教徒でありながら」靖国に反対するのでなく、「真宗教徒であるからこそ」反対せずにはおれぬ本質的理由があるのです。

聖人以後七百年、真宗教団はこの国においてつねに政治権力から白眼視され、迫害されてきました。それだけにまた保身のためにそれと接近し、聖人の教誡に背くようなあやまちをも侵してきました。しかし、それにもかかわらず、現在あえて靖国に反対せずにはおれぬような念仏の信を、今日まで伝えつづけてきたこともたしかです。

靖国の国営化に反対するとき、私たちは現に「日本国民として極めて稀な人だ」と言われています。これこそ、「希有最勝」の教えによって自他の尊厳性にめざめ、如来によって「希有人」と許されるわれら真宗教徒の光栄を、いみじくも言いあてた言葉と言わねばなりません。

私たちが念仏の信に立って、信教の自由と人間尊重の意味を明らかにし、主体的に国家のえらびにかかわることが「世のなか安穏なれ、仏法ひろまれ」という願いの実践にほかなりません。そのときはじめて日本国憲法は民族の内側に、みずからを支える主体的基盤を見い出すこととなりましょう。

四　真宗教団の課題

1、顚落《てんらく》の歴史 ——聖人への反逆——

権力との握手　親鸞聖人によって開顕された「浄土真宗」が真実の教であり、人類普遍の救済の原理であり、したがって現代日本を開く民族の指標であるとしても、本願寺教団によって具象化されている「現実の浄土真宗」はどう見ても聖人の教えを宗としているとは言えないではないか。靖国を習俗信仰の系譜であり、権力と離れがたい民族の業だと批判しながら、真宗教団自身が本山から一般寺院にいたるまで、本質的に習俗化し、権力化してしまっているではないか。真宗教徒自身の信心が閉鎖的な民族意識の枠の中へすっぽりとはまりこんでしまっているではないか。それでは靖国を批判する資格が無いではないか。

私たちは今、内外からのこうした鋭い逆批判の前に立っています。「外なる靖国」

を告発しようとするとき、まさに私たち自身の「内なる靖国」が告発されているのです。内外からの告発というより、それは何よりも私自身の自己告発でもあります。

聖人の正統を自任する本願寺教団が、このような告発をうけねばならぬようになった事態については、これもまた日本人の民族の業だとしてかんたんに片づけることのできぬものがあります。

すでに見てきたように、浄土真宗はそれが真実の教であり、希有の教である、まさにそのことのために、民族の習俗社会一般からすれば「異端の宗教」でありました。ということは、日本人の他のすべての宗教に共通する重要な諸要素が親鸞聖人の教えの中にはほとんど欠落してしまっているということです。民族の神々を信仰対象として許す本地垂迹、家・祖霊にかかわる追善菩提、国家権力を宗教の中で位置づけようとする鎮護《ちんご》国家や王法仏法、宗教的実践としての造像・造塔や儀礼の重視、除災招福にかかわる祈禱その他の呪術的行為、これらはすべて日本人の宗教としては昔も今も欠くことのできぬ重要な要素ですが、これらのどれひとつとして聖人の教えの中に見い出すことはできません。

私たちはそこに民族の業障を踏みぬいて開かれた聖人のしたたかな世界を仰がずにはおれません。しかもひとたび聖人によって開かれた世界は、決して聖人一人にとどまるものではなく、綿綿《めんめん》として幾千万のわれらの父祖の生活を開いて、今日の私たちにまで開かれてある事実を思わずにはおれません。念仏の信が、個々の行者にとってふたたび流転に退転することのない「不退の位」の確認であるなら、民族の歴史の上にひとたび開けた精神の覚醒もふたたび民族の業に閉ざされることはないはずです。

そうすれば、現在、前記のような告発を受けねばならぬほどの教団一般の実態を招いた決定的な事由は何か。それは真宗教徒であろうとも日本人であるかぎり民族の業のもよおしを免れることができなかったのだと簡単に結論づけることができません。決定的な事由は、聖人以後、教団指導層によって聖人への意図的反逆が行われたことにあります。ひとことで言えば、組織体としての教団の保身のために権力への迎合、癒着《ゆちゃく》が計られたことに帰してよいかと思われます。そのことをいま教団の歴史の上に詳しくあとづけるいとまはありません。ただとくに織豊《しょくほう》政権成立以後、江戸幕藩体制を通じて、わが国の中央集権的支配機構が確立する過程に即応して、教団と世俗権力との癒着が急速に進み、それとともに教団自体が本山を頂点として本寺と末寺、寺と檀家という世俗的支配体制を強化していった事実に注意するだけで十分です。

このことは「余のひとびと（領家・地頭・名主等）を縁として念仏をひろめんとはからいあわせたまうこと、ゆめゆめあるべからずそうろう」と権力との握手によっておこる信の空洞化を極力警戒して、きびしくいましめられた聖人の教誡に対する重大な反逆というほかはありません。

教義の歪曲

権力との握手は日本においては、ただちに習俗信仰、神仏習合との握手を意味します。聖人の怖れられたとおりに、専修念仏の教え自体がゆがめられ、空洞化されていったのです。

かつて、権力と手を握り、みずから権力の座につくことによって、仏教とは外儀のすがたばかりで内実は外道に堕しおわったと聖人の悲痛されたあの聖道諸宗のたどった道を、今や真宗教団が志向することになったのです。聖人の教えの中に見ることのなかった本地垂迹、追善菩提、王法仏法などの前に述べた民族宗教的諸要素が次々と教団の中に持ちこまれ、奇妙な折衷《せっちゅう》、融合がはかられました。そして人間解放の光であり、庶民の生きる力であった聖人の教えが、支配体制の側からの民衆教化、思想善導の役割をになうことになったのです。

世俗権力と民俗の神々への随順が、教徒の守るべき掟《おきて》として掲げられ、体制による人々の苦難は、因果応報の理による前世の約束であり、それを忍苦しアキラメることが娑婆のならいだとされました。現実生活とのかかわりはもっぱら家族社会の内部に限定され、そこでは親と子、姑と嫁間の封建的人倫道徳が強調されました。報恩の名によって祖霊の追善菩提が善根功徳視され、救済の確証は死後の未来に持ち越されてしまいます。念仏は閉ざされた現実の中での恩寵《おんちよう》となり、生活と離れた心情世界で信のよろこびが説かれるようになったのです。その当然のなりゆきとして専修念仏・一向不拝・悪人正機・信心正因・現生不退・諸仏等同・仏恩報尽という真宗の本領ともいうべき聖人の教えの核心が抜けおちていってしまったのです。

これはあきらかに聖人に対する教団の裏切りであり、背信行為であります。教団といっても、それは門徒大衆の堕落による信の衰弱がもたらしたものではなく、教団の内部分化によってみずから権力化した上部指導層によって、意図された撫民《ぶみん》政策の帰結と言わねばなりません。念仏の信によって曠劫《こうごう》多生の流転を離れ、民族の業繫《ごうけ》からさえ解放され、現実とのきびしい対決を通して、たくましく生きぬこうとする門徒大衆のエネルギーを、いかにして体制の枠の中に眠りこませるかということに、指導層の関心と努力が集中されたのでした。「領家・地頭・名主のひがごとすればとて、百姓をまどわすことはそうらわぬぞかし」と真実信心の正しいにない手を現実に生きる民衆の上にあやまたず見さだめておられた、聖人の眼光のたしかさを、あらためて確認させられる次第です。そして「仏法をばやぶるひとなし。仏法者のやぶるにたとえたるには、『師子の身中の虫の師子をくらうがごとし』とそうらえば、念仏者をば仏法者のやぶりさまたげそうろうなり。よくよくこころえたまうべし」という恐ろしいばかりの確言の、そのとおりにふるまったのが、みずから仏法者をもって任ずる教団の指導層であったのです。

2、国家神道支配下の教団

教団の空洞化　聖人を中心として成立した原始同朋教団が、本山を頂点とする寺院中心の貴族教団に変質し、教義そのものが体制のための民衆教化に適応するようにゆがめられ、しかもそれが権威化された聖人の名によって語られるとき、やがて、人々の信そのものが習俗社会の中で矮小化され、教団は急速に現実をひらく信仰共同体としての活力を失っていきました。しかし、こうした上からの教団体制がおしすすめられていく中でも、なお人々の直接の生活の場である部落や家の内部では、真宗独自の生活規範と、それにもとづく生活意識や生活行儀となって、聖人の教えが、いわゆる「門徒」の日常を支えていたこともたしかです。

この生活規範がゆるみ、行為様式が崩れてゆくとき、もはやどこにも真宗はありません。民族の業のままに生きる自称〝真宗教徒〟によって、外儀は真宗のかたちにて、内実は習俗信仰となりおわった慣習行事がわずかに維持されるばかりとなりましょう。

真宗教徒の家々から朝夕の正信偈の声がとぎれ、食事の際の合掌の手がにぶり、毎月両度の御命日のお精進が守られなくなり、部落の講組織や御正忌行事がすたれてゆくちょうどその時期に、戸毎に神棚が設けられ、伊勢神宮の大麻《たいま》が配られ、教徒自身が神前に拍手《かしわで》し、厄除《やくよ》け詣でに参加し、建築や葬儀の日をえらび、やがて神前結婚を行い、交通安全のお祓いをうけることに、いささかの抵抗をも感じなくなっていきます。

このように真宗教徒の生活様式の改変を迫り、さらに教義そのものの修正を強要して、教団の衰頽《すいたい》を決定的にしたのが、国家神道と神権天皇制を柱とする明治以来八十年間におよぶ擬似宗教国家の権力支配であったのです。わが国の歴史はじまって以来の最強の権力を集約して成立した擬装近代国家が、実は祭政一致の古代国家の拡大再現であったことに、現代におよぶ民族意識の混乱のもとがあるのです。私たち真宗教徒にとっては、それはまた教団の歴史はじまって以来の最大の法難でありました。しかもこれをまさに教団あげての「法難」としてとらえることができなかったところに、教団自身の致命的な問題があるのです。それは靖国を信の本質にかかわる問題として、とらえることのできぬ現在の情況に通じるものです。

もちろん神権天皇制国家の宗教干渉に対して、教団がまったく無抵抗であったわけではありません。

明治の廃仏毀釈に対して、各地に護法一揆を展開したのは真宗教徒であったし、神仏分離を主張して神道国教政策の本拠であった大教院を脱退し、教部省解体に導いたのも東西本願寺教団でした。

全宗教界あげての明治天皇御病悩平癒《へいゆ》祈願にも、真宗寺院は参与せず、大正天皇即位の際に各戸に神棚・大麻・注連縄《しめなわ》を設置せしめようとする政府の施策に反対し、また歴代内閣による神社参拝の指導に抵抗したのも各地の真宗教徒でした。

神社を「宗教に非ず」と強弁しながら、実際には国家神道の宗教施設たらしめた政府に対して、大正十五年、真宗十派管長は神社の宗教非宗教を明確にするよう要望し、さらに臨戦体制下に入った昭和五年、真宗十派は重ねて神社非宗教の精神を徹底することを政府にもとめるとともに、宗教的意義における神社崇敬と、吉凶禍福祈念に通ずる神社護礼の拝受を拒否する立場を明らかにしました。

これらの事例は、明治以後も少なくとも昭和の初頭までは真宗教団、真宗教徒一般が独自の宗教的気風を保持していたことを示しています。そしてそれが民族一般の中にあって、真宗のみに見られる特異の事象であったことを注目すべきです。

しかし、一面においてこうした抵抗を試みながら、他面においてその抵抗のエネルギーをみずから抑え、弱めることに腐心し努力したのが、また教団の中枢部であったのです。その努力の最たるものが門徒大衆に対して説かれた「真俗二諦」の教化です。もともと「真諦・俗諦」の化風は、「王法・仏法」とともに、すでに古代以来の日本仏教に通ずる一貫した伝統でした。その中にあってただ一人、念仏のみをまことしてひとすじに生きぬいた親鸞聖人の教えだけが例外的なものであったのです。

聖人以後、真宗教団が世俗的な一大勢力となり、政治権力との間に緊張関係が生まれた段階で、王法に反しないことを真宗教徒の生活の掟として、誡めるように配慮されてきますが、まさしく「王法を本とし、仁義を先とする」俗諦の教えが、真宗本来の教義・真諦を押しのけて、教化の中心にすえられるようになったのは明治以後のことです。そしてその俗諦の内容は明治政府の要求する敬神愛国、天理人道、皇上奉戴の「三条の教則」でありました。

このように、みずから政府の国家神道政策をもって門末教化の中心としながら、同時に政府の政策に抵抗するという自己矛盾を犯す過程で教義の混乱と信の衰弱が進行したのです。

昭和の弾圧

やがて昭和の戦争期に入ると、神道国家は国体明徴《めいちょう》、祭政一致を掲げ、真宗教団に対して教義そのものの改変を迫りました。浄土は高天原《たかまがはら》の別称であり、天照大神のほかに阿弥陀はなく、弥陀の本願に信順することは天皇の大命に帰順することにほかならない。皇国を穢土と見なし、陛下の臣民を凡夫というのは不逞《ふてい》の徒であり、日本精神のほかに信仰なしという論法でした。

こうした苦境の中にあって、最小限、真宗の教義の骨格を守るために、教団の主脳がどれだけ苦労したかは想像にあまるものがあります。しかし結果的にはその苦労は、聖人の教えを無限に拡大することによって、これらの要求を包みこみ、現実の体制を教義の上からいかに矛盾なく是認して、これを門徒一般に敷衍《ふえん》するかということに費やされたというほかはありません。こうして、権力の忌諱《きい(きき)》に触れるような聖人の言葉は聖教の中から禁句・伏字《ふせじ》としておおいかくし、あるいはその真意をゆがめて説き、ついには神棚や大麻の設置や戦勝祈願の神社参拝も真宗教徒の国民的義務としてこれを奨励し、名実ともに教団は底しれぬ民族の業の中にのめりこんでいったのです。

3、再起への道

教団のめざめ

敗戦によって制度としての神権天皇制国家と国家神道とは一応解体し、日本国憲法の成立によって信教の自由が保証されました。教団も個々の教徒も民族の呪縛から解放され、世界への窓が大きくひらかれたのです。

しかし、二百五十年間の幕藩体制にひきつづく明治以後約一世紀におよぶ権力支配の下で、それと癒着し盲目となっていた私たちは、事態の意味する重大性を早急に理解することができませんでした。

昭和三十六年の親鸞聖人七百回御遠忌を契機として、その前後から教団はようやく自己回復に向かうことになりました。

戦後十余年の混乱から覚めてわれにかえったとき、私たちははじめて衰弱し荒廃した教団の実態に直面しなければなりませんでした。本末・寺檀関係という狭い閉鎖社会の中で膠着《こうちゃく》した宗門機構は激動する時代と社会に対応する機能を失い、戦後の早激な部落・家族共同体の解体によって伝統的な教線は廃絶し、教徒の日常を支えていた生活規範や行儀さえも忘れられ、寺族のマイホームと化した寺院と習俗信仰の徒となった檀信徒の間はわずかに先祖供養の祭りとなりおわった儀礼行事によってつながれ、生活の現実と切りむすぶことのない観念化され習俗信仰化された信が形式的に語られるというのが教団の大勢であったといっても過言ではありません。

こうした事実に直面して私たちは今さらのように教団が失ったものの大きさと事態の深刻さに気づいたのです。

聖人によって開顕され、万人の生きる力となり世界に向かって開かれた念仏の教団は、閉鎖的な民族と、セクト化された宗派と、孤立した家族と、利己的な個我とによって形骸化され、新しい時代と社会への発言能力さえ持たぬ閉ざされた教団になっていたのです。そしてこのような事態を招きよせた原因は、決して外からの権力の強圧にのみ帰せられるべきものではなく、私たち一人一人の真宗教徒自身の負わねばならぬものであることに思いあたったのです。なぜなら、聖人の教えに縁がなく、念仏の信にかかわることのなかった者ならばいざしらず、父祖をとおして真宗の教えに育まれ、宿縁あってその教えを求め、しかもみずから念仏の信に生かされてあることを疑わなかった私たち教徒自身が、知らずして聖人に反逆し、教えとともに現実を歩むことを拒否していたというのが偽らぬ事実であったからです。

戸をたたく靖国

こうした私たちの内なる信がもっともストレートに外から問われてきたのが「靖国」なのです。私たちが靖国に対して応えようとすればするほど否応なしに自己の内なる靖国体質、信の習俗化という事実に当面しないわけにはゆかぬのです。戦後日本の精神史の上での教団の「戦後」は、まさに靖国によって始まったと言ってよいのです。それは遅きにすぎた戦後ですが、それだけにまたぜひとも急がねばならない再発足が迫られているのです。なぜなら、教団がようやく遅すぎた戦後を歩み出そうとしているとき、「靖国」は「戦後の戦後」として再び神道国家の「戦前」に復帰しようとして強力な歩みを始めだしているからです。

私たち真宗教徒のめざさねばならぬ道はいまや明らかに定まっています。何よりも私たち自身、教団自身がこれまで聖人の教えに背きつづけてきたのだという慙愧《ざんき》と悲歎をとおして聖人の教えに立ちかえり、念仏者としての生活を歩みだすことです。それは私たちの日常の現実がつねに外道に転落しようとする危機において営まれてあることのたしかめと、どこまでもどこまでも、そのような私を証しつづけてやまぬ念仏のたのもしさに勇みたち、積極的に自他の生活をひらいて、時代と社会の上に同朋教団を仰いでいくことのほかはありません。

私たちの日常をひっさらって外道に転落せしめるものは鬼・神・魔であります。聖人の指摘によればそれは絶えず私たちを脅かし、たぶらかし、閉ざされた現実の中にこころよく眠りこませ、それから覚めて念仏のあゆみを踏みだそうとする聞法生活からひき離し、私たちの命根《みようこん》を奪って生ける屍と化してしまうものでした。それらは現代において、いよいよ勢いをたくましくしております。民族とともに生きつづけてきた古き鬼・神・魔の健在に加えて、今や人類の業障の生みだした新しい衣裳をまとった新しい鬼・神・魔がひしめいています。私たちの今における新しい鬼・神・魔は何か？　それはおそらく資本主義経済の生みだした消耗文化と物神思想であり、管理社会の組織の力であり、情報社会の織りなす情報文化でもあり、まさに現代そのものでもありましょう。そしてそれらの正体を徹底して見透し、我れ人ともに人間の尊貴性をたしかめあうことのできるのは念仏の信にひらかれた同朋社会のほかにはありません。

現代の危機と日本への回帰

こうした現代の鬼・神・魔によって手玉にとられ、生きることに疲れあきた現代の日本人にとって「日本の伝統に帰れ」「民族の主体に生きよ」という「靖国の声」は特有のひびきをもって人々の耳をくすぐりはじめています。

想うに、明治以後いくたびかの時代の危機において、そのつど「日本への回帰」が叫ばれてきました。それはつねに外からの攻勢による主体の危機としての叫びでした。それはもとより危機を予感した個の叫びでしたが、その「個」の主体はいつも「日本」・「民族」の中に解消されていきました。

人々はつねに「日本」・「民族」の中に内と外とを統一し、時代の危機を超克する普遍の原理を模索しながら、現実には神権天皇制の基盤を強化し、それに奉仕する国家神道の中へ組み込まれてしまったのです。

戦後の三十年は私たち真宗教徒にとって千載一遇の良き時代であったはずです。なぜなら、あの承元の法難以来、今度の敗戦にいたる七百年の教団の歴史をとおしてどの時代においても専修念仏の教えは「異端の宗教」として、つねに体制の抑圧の下にあったのです。それが、敗戦を境として有史以来はじめての「信教の自由」を掲げる民主国家の出現によって、私たちはじかに聖人の教えに参入し、人々とともに何のおそれも気がねもなく信のよろこびを語りあうことのできる良き時代にめぐりあうこととなったのです。しかし、その良き時代が真に私の良き時代であると言えるためには、私自身が現に念仏の信に生きているということがなければなりません。

わが大谷派教団において昭和三十七年から本格的に始まった信仰運動としての同朋会の進展は、私たち教徒の一人一人が自己の良き時代を体現しようとする願いの発露であったと言えましょう。しかし、すべての真宗教徒がこの願いに燃え、聖人とともなる念仏のあゆみをはじめることは容易なことではありません。靖国法案に反対せざるを得ない教団の呼びかけが、同朋会員をもふくめて多数の教徒の根強い抵抗に当面している現況がこの間の事情を端的に示していると言えましょう。

教団がこうした矛盾をかかえながら、きびしい歩みを始めようとしているとき、今や何度目かの「日本への回帰」の季節がめぐってこようとしています。それは人々が新しい時代の危機を予感しだしたしるしです。そして過去において何度かくり返されたとまったく同じパターンで「日本的伝統に帰れ」という声があげられ、その「日本」に寄せる民族の慕情に乗じ、それを利用して、ふたたび人々をおとなしく閉鎖的共同体の中に眠りこませて世界の孤児にしようとするおそるべき宗教が復活してきたのです。

「妣《はは》なるクニ」への誘惑

ここに私たちは「日本的伝統」と呼ばれる場合のその「日本」とは何かについて吟味する必要があります。私たち日本人の慕情の対象となる「うるわし日本」とは、決して過去の歴史のどの時代にも実現されてあったものではなく、いわば「慕情の中に実在する日本」です。それは長い歴史をとおして自覚的個として生きることのなかった「日本民族」の「妣《はは》なるクニ」であり「魂の家郷」です。きびしい都会の生活に疲れた人たちが少年期に過ごした「思い出の故郷」を恋い慕うように、時代の危機に行き悩むとき、私たち日本人はつねにこの「日本への回帰」に駆られるのです。そこには個我以前のプリミティブな「無私なる安息」、こころよい「没個我の憩い」はありますが、個我にめざめた主体的人間のついの住みかではありません。こうした回帰が特に明治以後の日本においてしばしば叫ばれたことには十分な理由があるわけです。それは近代西欧の攻勢にさらされた日本人が、それに対応するため自らを近代化し、一個の主体的人間としてあゆみ出さねばならぬ苦難の道を回避し、そのかわりに「妣なるクニ」の無私性の中に個我のせめぎを超克する新しい原理を探りだそうとしたのです。

こうした心情の中には、一面偏狭な民族主義に通ずる危険性がはらまれていることもたしかですが、他方において民族自身の内から自らの手でそれを超えて普遍の世界に通じようとする志向の働いていることも見のがすわけにはゆきません。こうした微妙な民族心情のたゆたいに乗じて、その中に動いている普遍への志向を一方的にさえぎり、閉鎖的共同体の中に人々をとじこめ、神権支配の光栄に参加することをもって民族の世界的使命であると強調した独善自大の擬似宗教が国家神道であったのです。靖国国家護持勢力が「日本的伝統に帰れ」というその「日本」とは、こうした独善自大の、世界に閉ざされた日本であり、「伝統」とは、明治以後の国家神道の伝統なのです。

わたしたちの日本

私たち日本人のすべてが心ひかれてやまぬ真の日本的伝統のその「日本」とは、私たちの生まれ育ったこの「国土」を離れずしてその内から「世界」を開くような日本であり、歴史的な「民族」でありつつその血肉をとおして「人類」に通いあうような日本であるはずです。そして、その「伝統」とは、事実、みずからの内から世界を開き、人類に通いつづけてきた伝統を言うのです。それは靖国の叫ぶような閉鎖的な特殊性をそのまま世界性、普遍性であると強調し自称するような伝統ではなくて、そのような自己の業障にめざめつづけて生きることによって、おのずから世界に召され迎えられるような伝統なのです。

そのような「日本的伝統」がはたして私たちの歴史の中にあるのか?、ある。少なくとも私たち真宗教徒にとって、それは聖人によってこの片州日域のまっただなかで開顕され、しかも生きとし生きる一切の衆生に通う「超世」の法、念仏の大宝海に帰入してきた父祖の歴史によってあかしされております。この念仏の歴史、世界に開かれ普遍に通う「真の日本的伝統」の光に照らして、いま私たちは靖国の叫ぶ「偽りの日本的伝統」の正体を見すえてゆかねばなりません。そしてそのことの能く為しうる今のこの良き時代を靖国の手にゆだねて閉塞させてはなりません。それは現代に生きる真宗門徒の時代的使命と言わねばなりません。

真宗教徒の生活実践

真宗教徒とは専修念仏の教えに生きる人の謂《い》いです。「念仏ひとつ」ということは念仏が生活原理になるということです。生活の中で念仏するのでなく、念仏の上に生活がいとなまれることを意味します。その生活とは私たちにとっては現代のこの日本における生きようですから、それは当然、政治・経済・教育というような社会的諸機能との具体的で積極的なかかわりとなって働かずにはおれません。それは真宗教徒の政治観、経済観、教育観の確立とそれによっていとなまれる生活実践ということになります。これらについて今くわしく述べる余裕はないので二、三の提言にとどめておきます。

先ず政治については民主主義をまもることが基本です。ここで言う民主主義とは、特定のイデオロギーにもとづく主義ではなく、あらゆるかたちの、上からの権力支配に対する批判精神とでも言うべきものです。政治はもともと究極的には権力の行使形態ですから、現代の民主政治といえどもその例外ではありません。「釈迦・諸仏の弟子」としていやしくも「鬼神につかえ」る要のない人間の尊厳性を拝んでゆかれたその聖人の徒として、私たちはいかなる形の政治に対しても権力自身の絶対化を許さない信の力をたくわえねばなりません。靖国に対する基本的姿勢もここにその根拠をもつわけです。

第二に経済の面では、現代の資本主義的商品生産と結びついた物神思想と消耗文化とをきびしくチェックすべきです。人間の精神的覚醒を障《さ》えてマヒさせ、または国土の荒廃につながるような消費の仕方は家計の中から閉めだすだけの消費の自律性と経済生活の倫理をもつべきです。とめどもない物資の消耗は人間性の消耗につながり、国土の荒廃は生命の荒廃につながります。暖衣飽食《だんいほうしょく》の中に求道はなく、いかなる宗教もその宗教的生命の充実しているときは必ず一種の世俗的禁欲を伴うのが普通です。ものをたんなる物質とせず「仏法領のものを粗末にするな」「もったいない」といのちの糧として頂戴された先人の言葉は、それを「封建経済の倫理だ」などという浮わついた視点の届くことのできない深い真理の確言です。

これをおしすすめてゆけば、国全体の経済規模や産業構造のあり方にまでかかわることになります。「信仰者は政治や経済の問題にかかわってはならぬ」というような言葉の許されないのが現代であるし、またそのような姿勢をみずから許してはならぬのが現代に生きる真宗教徒の境界です。

第三に重大なのは教育の問題ですが、幼児教育から成人教育にいたるまで、全面的に国家や公共団体の手にゆだねてしまっているのが私たちの現況です。いつの世、いつの時代においても人格形成の基本になるような子弟の教育は家庭において行われてきたのです。念仏に生きることが、何ものにもかえがたい私自身のよろこびであるなら、「念仏の人となれよかし」という切なる願いが、子どもに託するあらゆる余他の期待に先行して家庭教育の基本となるはずです。その願いは当然として真宗教徒の家庭の行儀として具体的な形をとるはずです。現に人々を支える力となっている宗教は必ずそれぞれの宗風に即して生活行儀をもっているのです。家族そろっての朝夕の正信偈のおつとめ、両親の命日や報恩講お七昼夜のお精進、天を拝せず鬼神を祠らぬ一向不拝の生活姿勢や吉日良辰をえらばない宗教規律、こうした伝統的な行儀とともに、現代生活に即した新しい生活規律をぜひとも回復し、確立してゆかねばなりません。それが真宗教徒であることの具体的な証です。

第四に、こうしたことを成り立たせる基本は聞法にあります。真宗教徒にとって家庭は本来、念仏の道場であり、家族は共に聞法にいそしむ御同朋です。明治以後、急速に慣習行事化し、慰霊祭祀化してしまった仏事、法事のすべてについて、僧俗一体となってこれを実質的な聞法、学習の場とするように工夫努力を注がねばなりません。

ちなみに、わたしたちにとって死者は決して「亡き人」でも「在天の霊」でもないことを各自が自己の信においてあきらかにしなければなりません。それらはすべて私一人を念仏の行者となさしめんがための還相《げんそう》の菩薩であると拝んでゆかれたのが聖人でありました。親子、夫婦、兄弟、隣人、その他一切の有縁の人びとは、この私に結縁して浄土より来生し、その生涯をかけて私に念仏をすすめ、その御用を尽くして浄土へ還帰された菩薩衆であることにまちがいはありません。その働きにうながされ、いよいよ聞法に精進し、念々に念仏の生活をあゆみ、その生涯をつくしてわれらもまた涅槃の浄土に入らしめられるのです。その頼もしさに生きることなくしてどうして真宗教徒を名のることができましょう。

以上のようなことが私たち一人一人の具体的な生活実践として志向されないかぎり、同朋会運動、ひいては教団の本来化も真に地についたものとはならないでしょう。

おわりに

——信の回復と靖国のゆくえ——

一　靖国の無化

靖国信仰は日本民族の体質に根ざす信仰であり、したがって私たち真宗教徒も日本人であるかぎり、みずからの内に「内なる靖国」として深く根をおろし、まさに私自身の体質と化している事情を明らかにしてきました。そしてそのことを明らかにする視点を持つことができたのは、私たちが日本人でありつつ真宗教徒であったからです。民族の業を照らす光は民族自体の中からは出てこないので、それは民族を超えた光でなければなりません。しかし、その光に遇う場所はまたその民族の業をほかにしてはありません。みずからの業を通してその業にうなずくということが光に遇ったということです。それは民族の業を内から照らし、内からそれを超えしめる光です。この光こそ私たちが日本人でありつつ世界人としてめざめることのできた念仏の信です。

しかもこの靖国信仰は、明治以来の神権国家の宗教として強い政治的機能を付与されたことによって、たんなる宗教ではなく、宗教としてのその本質を究明してゆけばゆくほど政治の深みに入りこんでしまうというような性格をもつ宗教なのです。そのため、それによって現代日本人の人間性がいかに深刻な傷あとを刻みこまれたか。また専修念仏教団がいかに致命的な暴圧にさらされたか。こうした情況についても明らかにしてきました。念仏の信からする靖国の告発といってもよいでしょう。そしてそれは同時に真宗教徒自身に向けられた自己告発でもあります。

私たちはいま、靖国を縁として親鸞聖人へ帰り、そのことによって埋没しかかった念仏の信を回復し、現代に生きる真宗教徒の地歩をたしかめることとなったのです。そしてそのことが一個の真宗教徒としての問題であるばかりでなく、国家、民族の現在ならびに将来にかかわる問題であることに気づいたのです。「靖国法案をどうするか」その根本的解答は、私たち自身が本願の大地に立った念仏に生きることのほかに求めることができません。すべての真宗教徒が「たのむべきは弥陀一仏、よるべきは念仏一行、そのことにいったい何の不足があるのか」とすっきり自己の信を表明できるとき、靖国はみずからの立つ地盤を失って、おのずから無化されてゆくのでしょう。多数国民の中に民族の業としての「内なる靖国」が生きつづくかぎり、たとえ一法案の成立が阻止されることはあっても、靖国国家護持の運動は執ようにつづくでしょうし、衣裳を変えた第二、第三の法案が不死鳥のように私たちの上に羽ばたきつづけるでしょう。そうであるかぎり私たち真宗教徒は一層ゆるぎなき信の確立に励むとともに、人々に呼びかけ、手をとりあって靖国の行方をきびしく監視し国家護持の動きを阻止しつづけねばなりません。

二　あるべき靖国

「現にある靖国神社をどうするか」

もしそれが国家神道の施設として、原始宗教的な民族心情の土壌の上につくられたものであったとしても、現にその民族心情に生きている多数の人々によって支持されている靖国神社を、私たち真宗教徒がただちに干渉すべきではありません。いかなる宗教を信奉することをも国民各自に保証することが「信教の自由」の原則でもあります。宗教法人靖国神社は諸他の宗教団体と同じく、現行のままでその宗教活動が保証されるでしょう。ただ、念仏の信に生きる私たち真宗教徒は、自己の信心に腹ふくれ、別して靖国を信奉する必要を感じないのみです。ただし、靖国信仰はそれ自体としていつでも国家権力によって乗ぜられ、政治的に利用されやすい性格を持っているわけですから、現実の靖国神社と国家との接近を阻止しなければならぬことは前記のとおりです。靖国神社の存立を認めることと、それの国家護持を許すこととは、決して直ちにつながるものではないことを銘記しなければなりません。

したがって、このような靖国神社の宗教的性格をそのままにしておいて、これを戦没者追悼の国民的施設とすることはできません。靖国国家護持を正当化する論拠として、よく欧米諸国の無名戦士の墓がひきあいに出されますが、このような怖るべき可能性をはらんだ原始宗教の施設を無名戦士の墓と定めている国はどこにもありません。現代日本人の宗教的心理と、国家が今まで行ってきた長い宗教政策の歴史に深く思いをいたしたうえで、なおかつ欧米の無名戦士の墓に準じた施設を設けるとするなら、どの宗教にも属しない無宗教的性格の施設を考えるほかはありますまい。

現在の千鳥ヶ淵国立墓苑が靖国神社に比していちじるしく影がうすいことを指摘して、そのような無宗教的施設をつくっても、国民的施設としての実質を持つことができないだろうという意見もあるようですが、だいたい性格の異なる二つの施設を比較することがたいした意味をもたないばかりでなく、それは千鳥ヶ淵墓苑の影のうすい真の理由を意識してすりかえようとする意見です。その真の理由は、靖国側の強い抵抗もあって国家自身がそれを本格的な国民的施設にしようとする熱意と努力を放棄しているからです。宗教的色彩を持たない施設であっても、十分人々のおもいのたけを集約することができることは原爆記念碑が立派に証明しています。

補記

この稿を書きいそいでいる途中で田中内閣が瓦解して三木内閣が成立し、その間、政府、自民党は前国会で参議院送付にまでもちこんだ靖国法案の撤回に踏みきりました。もちろん靖国の国家護持をあきらめたわけではありません。法案の内容をめぐっての靖国勢力内部の見解の不一致や、国会乗り切りの困難性、それによって発足早々の三木内閣の当面するであろう政治日程の混乱についての予想など、全体的な政治配慮からとられた措置にすぎません。はたせるかな、自民党は本年二月、先の靖国法案を練りなおし「戦没者の慰霊の表敬に関する法案」（表敬法案）を準備し、これを国会に提出、成立させる方針を固めました。その内容は次のようです。

1、靖国神社の国家管理には触れない（当分の間、靖国神社は現在の宗教法人のままにしておく）

2、天皇ならびに皇室関係者、および国会、政府関係者の公式参拝

3、外国使節の公式表敬

4、自衛隊儀仗隊の参列・参拝等のできるようにする

これは前回の靖国法案に比べて、一層露骨に護持勢力の意図が打ちだされたものです。

第一に、「靖国法案」では特定の宗教団体を国家が護持することは明らかに憲法上疑義があるからこそ、形式的にせよこれを特殊法人にすることによって違憲の責めを免れようとする配慮がありました。それが新法案ではあからさまに特定の宗教に対し

て国家が特別の栄誉と待遇を保証しようとするものです。

第二、法案の直接目的が「神社の国家管理」から「天皇の親拝」に変えられたことは、いままで「秘められた意図」であった国家神道の復活要求を、よりストレートに「公然の意図」として打ちだしたものと言えます。

第三に、外国使節の公式表敬を実現することは、神社神道の地位を国際的に高め「日本の宗教」として公認させることを意味し、そのことによって逆に「全国民の宗教」としての基礎を構築しようとするものです。

第四に、自衛隊の参列・参拝は、必然的に軍隊と神社神道との結合に途をひらくものであり、軍隊の「皇軍化、神兵化」と、靖国の「軍神化」を確定することになります。

こうした立法化が進められている一方、次のような注目すべき事件が相次いで起こされました。

○五月、エリザベス女王の来朝に際して、靖国国家護持勢力は駐英大使館に申し入れまでして、女王の日程にあった千鳥ケ淵国立墓苑の参拝を中止せしめた。

○五月三日、憲法記念日に靖国法案のもっとも熱心な推進者である稲葉法相が、四十四年以来改憲運動を進めている自主憲法制定国民会議の総会に出席して論議の的となった。会場では岸信介議長の「現憲法は前代未聞の不備な内容で、治安、教育などあらゆる面で諸悪の根元。これを一日も早く改正しなければならない」とのメッセージが読みあげられた。

○七月二日、第七十五回国会で衆議院内閣委員会は野党委員の欠席の中で「戦没者等の慰霊等に関する」調査会をひらき、「国民各層の意見」を徴すると称して八名の参考人に意見を開陳させた。八名ともに表敬法案の内容に全面的な賛成意見を述べているが、特徴的なことは「靖国神社は神社神道である」というこの問題についての本質的認識が欠落していることです。この調査会が最初から世論の誘導と表敬法案を正当化する目的をもって開かれたことは明らかです。

○八月、敗戦記念日に現職総理大臣として戦後はじめて三木首相が靖国神社に参拝。

このようにして靖国国家護持の動きは、宗教、思想界や野党の反対をおしきって着着と既成事実を積みあげつつある。

靖国の底流となり、それを支えている黒い手に民族を、国土をゆだねてはならない。

あとがき

本書の論旨が難解で、記述もしばしば同一趣旨の反復に陥り、そのうえいたるところで独断や誤謬を犯しているであろうことは十分承知しています。私自身の中で整理されていない未熟で不消化な問題をそのまま放り出したかたちになってしまいました。もちろん私自身の非力が決定的な理由ですが、問題の性質上、時間をかけてゆっくり推考するよりも、たとえ欠点だらけのものでもいい、一刻も早く同朋各位の許へ送り出して、各位の手による一層徹底した究明がなされるためのいささかの手がかりにでもなればとの思いに駆られてのやむなき仕儀でもあります。各位のご指導とご叱正を念じてやみません。

最後に執筆に際して多くの方々の書恩をいただきましたが、特に第二、第三章については村上重良氏の『国家神道』『慰霊と招魂』に拠ったことを記して厚く感謝の意を表します。

（昭和五十年十月）

靖国神社問題の流れ

22・11・17	「日本遺族厚生連盟」発足。（28・3・11「日本遺族会」となる）
27・5・2	全国戦没者追悼式、新宿御苑で開かれる。
27・11・6	第四回全国戦没者遺族大会で靖国神社国家護持を決議。
31・2・14	衆院海外同胞引き揚げ並びに遺家族援護に関する調査特別委員会で「靖国神社における英霊合祀に関する問題」について参考人の意見をきく。
31・3・14	「靖国神社法草案要綱」（自民党・原健三郎、逢坂寛）
31・3・22	「靖国平和堂（仮称）法案草案要綱」（社会党）
34・3・28	「千鳥ヶ淵戦歿者墓苑」竣工。
37・8・15	日本遺族会「靖国神社の国家護持に関する要綱」決定。
38・4・23	靖国神社祭祀制度調査委員会「靖国神社国家護持要綱」作成。
38・6・13	自民党遺家族議員協議会「靖国神社国家護持に関する小委員会」を設けることを決定。
40・12・27	荒船小委員長は衆院・三浦法制局長に対し、靖国神社法の法案要綱の作成を依頼。

41・11・1	衆院法制局、「靖国神社国家護持に関して検討すべき問題点」を村上小委員長のもとに提示。
42・3・28	衆院法制局、「靖国神社法案」（要綱）を村上小委員長のもとに提示。
42・6・2	衆院法制局から「靖国神社法案」が村上小委員会に出され、了承される。
42・	靖国神社、諸霊を祀る鎮霊社を建立。
43・5・16	自民党総務会で「根本私案」を党議決定。
44・6・30	靖国神社法案、第六一国会へ提出（第一回）。（8・5　廃案）
45・4・14	靖国神社法案、第六三国会へ提出（第二回）。（5・13　廃案）
46・1・22	靖国神社法案、第六五国会へ提出（第三回）。（5・24　提案理由説明、廃案）
47・3・7	「中曽根構想」発表、発想の転換を訴える。
47・5・22	靖国神社法案、第六八国会へ提出（第四回）。（6・16　廃案）
48・1・22	山口県護国神社自衛官合祀拒否訴訟。
48・4・27	靖国神社法案、第七一国会へ提出（第五回）。（7・19　提案理由説明）
48・9・25	同法案、衆院内閣委員会で強行的に「継続審議」を決議。（9・27　衆院本会議で「継続審議」）
49・4・12	衆院内閣委員会で強行的に可決。（5・25　衆院本会議で可決、6・3　廃案）

50・2・7	藤尾内閣委員長、「段階論」を表明。（2・17「藤尾私案」〔表敬法案〕提示）
50・7・4	第七五国会閉会、「表敬法案」提出されず。
50・8・15	全国戦没者追悼式の標柱、この年から「全国戦没者之霊」と書き変えられる。三木首相、「私人」として靖国神社に参拝。
50・11・21	戦後三十年の節目として天皇、皇后靖国神社に行幸啓。
51・2	箕面忠魂碑違憲訴訟。
51・6・22	英霊顕彰の新国民組織として「英霊にこたえる会」発足。会則第三条に「靖国神社における公式参拝の実現」を謳う。
51・8・15	三木首相、参拝せず。
52・7・13	最高裁、津神式地鎮祭合憲の判決を下す。
52・8・15	福田首相、東南アジア歴訪のため、靖国神社に参拝せず。
53・12	「英霊にこたえる会」、公式参拝要請のための一千万署名運動を企画。
53・8・15	福田首相、「私人」として参拝。公用車使用。閣僚八人も参拝。
53・12・15	三重県議会、靖国神社公式参拝要望の意見書を可決。以後各県、市町村の決議盛んになる。
53・12・16	「英霊にこたえる会」、「靖国神社公式参拝に関する要望」を大平首相に提出。全文次の通り。

靖国神社には平和のいしずえ二百五十万英霊がまつられています。英霊に対し、尊崇感謝の誠を捧げ、国として公式儀礼を尽くすことは、極めて当然のことであり、世界いずれの国においても行われております。しかるに、戦後、靖国神社は国の手をはなれ、天皇陛下のご参拝も、内閣総理大臣などの参拝もすべて個人的な私的なものとして扱われ、また国際儀礼として当然の国賓の靖国神社参拝も行われていないことは、極めて遺憾であります。

われわれは政府に対し、速やかに左記のとおり措置することを強く要望します。

一、国の代表ならびに国賓の靖国神社公式参拝を実現すること。

二、靖国神社公式参拝は決して憲法が禁止している国の宗教的活動には該当しないことを明確にすること。

54・8・15	大平首相、参拝せず。
55・8・15	鈴木首相、「私人」として参拝。公用車使用。閣僚十六人参拝。
55・11・17	宮沢官房長官、公式参拝について、「違憲ではないかとの疑いを否定できず」云々との政府統一見解を表明。

56・3	岩手靖国違憲訴訟。
56・8・15	鈴木首相、「私人」として参拝。公用車使用。外遊中の園田外相を除き、全閣僚が参拝。
57・6・1	広島高裁、自衛官合祀拒否訴訟につき、自衛隊側の違憲と判決。
57・6・28	岩手玉串料公費支出違憲訴訟。
57・6	愛媛県玉串料公費支出違憲訴訟。
57・7	栃木県玉串料公費支出違憲訴訟。
57・8・15	鈴木首相、参拝。「公私の区別には答えない。答えないところに意味がある」と表明。公用車使用。閣僚十五人参拝。
58・7・30	中曽根首相、公式参拝についての内閣法制局見解の見直しを表明。
58・8・10	自主憲法期成議員同盟（会長岸信介）、「『靖国神社公式参拝』が合憲であることの法的論拠」を発表。
58・8・15	中曽根首相、「内閣総理大臣たる中曽根康弘」として参拝。公用車使用。閣僚十四人参拝。
58・8・31	自主憲法期成議員同盟、「『靖国神社公式参拝』が合憲であることの沿革的論拠」を発表。
59・4・13	自民党、靖国神社問題小委員会（奥野誠亮小委員長）の公式参拝合憲見解を党議決定。
59・8・3	藤波官房長官の私的諮問機関「閣僚の靖国神社参拝問題に関する懇談会」

	（通称「靖国懇」座長・林敬三日赤社長）発足。
59・8・15	中曽根首相、「内閣総理大臣たる中曽根康弘」として参拝。公用車を使用。閣僚十四人参拝。
60・8・9	「靖国懇」、「公式参拝とは……内閣総理大臣が公的資格……で行う参拝のことであり、……その際、……正式参拝または社頭参拝の形式に左右されるものではなく、さらに、神道の形式にも限定されない」との報告書を提出。

（本稿は日本基督教団靖国問題特別委員会編『国家と宗教』に負う所が大きい。茲に記して感謝の意を表する）

著者略歴

和田　稠●わだ　しげし
一九一六（大正五）年、石川県に生まれる。
大谷大学卒業、石川県立大聖寺高校校長等を歴任。
真宗大谷派浄泉寺前住職。
二〇〇六年一月一日、逝去。
著書　『世のいのり・国のいのり―続・信の回復―』
　　　『生きあえる世界』
　　　『真宗門徒』
　　　（東本願寺出版）
　　　ほか。

信《しん》の回《かい》復《ふく》

一九七五（昭和五十）年十一月一日　第1刷発行
一九八六（昭和六十一）年三月二十日　改訂版第1刷発行
二〇二三（令和五）年十月一日　改訂版第6刷発行
（新装版）

著者　和田　稠
発行者　木越　渉
編集発行　東本願寺出版
（真宗大谷派宗務所出版部）

〒六〇〇―八五〇五
京都市下京区烏丸通七条上る
電話　〇七五―三七一―九一八九（販売）
　　　〇七五―三七一―五〇九九（編集）
FAX　〇七五―三七一―九二一一
真宗大谷派（東本願寺）ホームページ
http://www.higashihonganji.or.jp/
E-mail books@higashihonganji.or.jp

印刷所　㈲寶印刷工業所

ISBN978-4-8341-0152-2 C1315

同朋選書刊行のことば

《同朋》〝どうぼう〟と読みます。聞きなれない言葉であると思います。

私たちは、顔の形、能力、性別、年齢等を異にしながら生きています。このように、生きているという事実は、それぞれが誰とも代わることのできない、また代わる必要のない、私自身の人生を生きているということであります。

そのようなさまざまな差異《ちがい》を生きている私たちにとって、誰にも共なるものとは一体なんでしょうか。それは、共に生きているという現前の事実であります。

《同朋》とは、このような現に共に生きているといういのちの事実に目覚めた人びとを表す名であります。

真宗大谷派（東本願寺）では、一九六二（昭和三十七）年に「真宗同朋会運動」を発足させました。この運動は、ややもすれば生きる意味を見失い、不安と絶望のただ中で孤立している私どもが、親鸞聖人の本願念仏の教えによって、生まれた意義と生きる喜びを見出し、共に生きんとするものの歩みであります。

どうかこの《同朋選書》をお読みくださることによって、生きてあることの尊さを一人ひとりが大切にしていく歩みになればと願っています。そして、この本を、有縁の人におすすめいただきたいと思います。

東本願寺出版部